DAVE

Barry

VON

Enter

BIS

Quit

Ein Computerfeind packt aus.

Aus dem Amerikanischen
von Edith Beleites

Eichborn.

Für Huhubert und MissPiggy
und ein ganz besonderes Dankeschön an Krähenfuß

Die Deutsche Bibliothek – CIP-Einheitsaufnahme

Barry, Dave:
Von Enter bis Quit : ein Computerfeind packt aus / Dave Barry.
Aus dem Amerikan. von Edith Beleites. – Frankfurt am
Main : Eichborn, 1997
ISBN 3-8218-0327-4

Titel der Originalausgabe: DAVE BARRY IN CYBERSPACE

Umschlaggestaltung: Christina Hucke
Satz: Fuldaer Verlagsanstalt, Fulda
Druck und Bindung: Wiener Verlag, Himberg
ISBN 3-8218-0327-4

Verlagsverzeichnis schickt gern:
Eichborn Verlag, Kaiserstraße 66, 60329 Frankfurt
Compuserve: 100604,420 Internet: 100604.420 @ compuserve.com

Brief der Übersetzerin an den Lektor

Lieber Matthias,

wochenlang habe ich mit dem Barry Vergnügen pur gehabt, bis – wie immer bei der technischen Schlußfertigung – meine Festplatte plötzlich voll war, nach dem Putzen das Textverarbeitungsprogramm nicht mehr richtig lief, der Computer meines Mannes, über den der Drucker läuft, meine Diskette ab Kapitel 10 nicht mehr lesen konnte, etc. pp. Ein Nervenzusammenbruch folgte dem nächsten. Kannst Du alles bei Barry nachlesen.

Was ich Dir jetzt schicke, ist eine von MS-DOS Word 5.0 auf Word für Windows 2.0 umkopierte Version. Hat den Vorteil, daß das genau das ist, was ihr braucht. Und den Nachteil, daß nun die Seiten mehr enthalten als 30 x 60. Das hat zur Folge, daß die Kapitelendseiten entfallen. Die Dir telefonisch bereits angekündigten Anmerkungen zu Schrifttypen, abgefahrenen Symbolen und sonstigen Feinheiten des Satzes habe ich Dir, der besseren Handhabbarkeit wegen, mit der Hand an den Rand des Ausdrucks geschrieben. Und weil ich in diesem Ausdruck, dem ich angesichts des technischen Kuddelmuddels nicht mehr traute, dann schon mal am Rumfummeln war, sind mir noch ein paar andere Sachen aufgefallen, zum Beispiel:

– daß manche Zwischenüberschriften über Tabellen, Beispielen etc., die in Word 5.0 korrekt ÜBER dem jeweiligen Abschnitt saßen, nun plötzlich als letzte Zeile auf einer Seite stehen, statt oben auf einer neuen. Das müßte mit einem »NEUE SEITE«-Befehl korrigiert werden;

– daß Leerzeilen, die ich gemacht hatte, damit Zwischenüberschriften und die dazugehörigen Texte nicht auseinandergerissen werden, sich nun auf einmal in der Mitte einer Seite befinden.

Seit drei Tagen bemüht sich mein Gatte um ein Reinkommen in die Web-Seite, von der ich Dir erzählte, daß sie den Vermerk trägt »Seite wurde geteilt wegen Überladung durch Barry-Text. Bitte weiter via…« Leider ist das Web permanent überbelegt oder zu busy oder sonstwas. Noch haben wir sie also nicht wieder laden können, diese Barry-Seite. Sobald wir sie haben, werde ich Dir sagen, welche es war. Du siehst also, daß das alles bittere Realität ist. Wenn man diese Web-Seite lädt, kann man feststellen, wie Geschichte geschrieben wird. Denn als die Erschaffer dieser Seite feststellten, daß Dave Barry sie in diesem Buch verewigt hat, haben sie diesen Text einfach in die Web-Seite hineinkopiert. Seither trägt sie den Vermerk »Seite wurde geteilt…« Ob es sich hier um ein neues literarisches Genre – das Buch zum Web – oder eine technologische Literaturergänzung – das Web zum Buch – handelt, werden künftige Generationen zu entscheiden haben.

So weit, so gut.

Herzlich, E.

Inhalt

Einleitung

Was Sie von vornherein wissen müssen: Ich bin ein absoluter Computerfreak. Das ist bei mir schon regelrecht krankhaft. Sie kennen sicher diese Computer-Magazine mit Titeln wie *Data Dweeb* und fettgedruckten Zeilen auf dem Cover wie:

GROSSFORMATIGE VIERFARBAUFNAHMEN VON DICKEN HARTEN NIPPELN IM INNENTEIL!

oder:

GLEITFLÜSSIGKEIT FÜR IHR MODEM – UND SIE KOMMEN DOPPELT SO SCHNELL ZUM ZIEL!

Sie haben sich sicher schon selbst gefragt, welche Versager und Scheintoten solche Blätter wohl lesen. Nun, ich zum Beispiel. Ich lese sie, und zwar im Bett. Ich seh' mir die Fotos von neuen Computersystemen an, bekomme eine mittlere Erektion und murmle Sachen wie: »Boah, ey! Den 6X SCSI-2 CD-ROM-Treiber muß ich mir unbedingt reinziehen!«

Ständig bin ich auf der Suche nach einem neuen Computer, weil der, den ich gerade benutze, ja bereits veraltet ist, wenn ich ihn aus der Styropor-Verpackung endlich rausgefummelt habe. Nicht, daß ich darauf stolz wäre, aber ich habe schon über zwanzig Computer besessen, alle steuerabzugsfähig.

Der erste, in den frühen 80ern, war noch ein ziemlich primitives Modell. Er sah aus wie ein mutierter Sandwich-Toaster, der atomarer Strahlung ausgesetzt war und infolgedessen eine Tastatur angesetzt hatte, die wie eine Geschwulst aus ihm herausbeulte. Dieser Computer hatte keinerlei praktischen Nutzen, außer daß er Strom verbrauchte.

Moderne Computer haben ja ein »Hirn«, das aus Mikrochips besteht. Diese Mikorochips sind zwar nicht größer als Pfennigabsätze, aber sie können Millionen von mathematischen Berechnungen in Sekundenbruchteilen anstellen. Ich glaube nicht, daß mein erster Computer über solche Teile verfügte. Allenfalls hatte er vielleicht eine Art eingebautes Zählwerk. Jedenfalls war er nicht besonders begabt. In einem Wettbewerb um den höheren IQ zwischen diesem meinem ersten Computer und einem Türknauf hätte ich wohl nicht auf meinen Computer gesetzt.

Dieser Computer hatte zwei Programme: eins zur Textverarbeitung und ein Spiel. In dem Spiel war ich Kommandant eines Raumschiffs und mußte angreifende Raumschiffe von fremden Planeten zerstören. In puncto Steigerung meiner Arbeitsproduktivität haben diese beiden Programme ziemlich exakt das gleiche geleistet. Beide waren schwer aufzurufen, beide stürzten ohne ersichtlichen Grund permanent wieder ab, und beide hatten vollkommen verrückte Bedienungsanleitungen, die weder für noch von Menschen geschrieben waren. (»Um ein Wort zu löschen, müssen Sie zunächst den Befehlsmodus aktivieren, indem Sie zuerst einen Backslash setzen, dann die Prozenttaste und anschließend die Taste mit dem Schisselaweng. Dann geben Sie die ersten fünf Ziffern Ihrer Versicherungsnummer ein, bevor Sie …«) Man konnte die beiden Programme nicht benutzen, ohne bereits nach wenigen Minuten eine wichtige Datei irreparabel zu verhunzen oder sie gleich ganz zu verlieren, oder, was noch schlimmer war, das Raumschiff.

Aber ich liebte diesen Computer. Wie viele schöne Stunden habe ich damit verbracht, das Teil zu verfluchen?! Ich habe sogar gelernt, es zu programmieren! Ein bißchen, jedenfalls. Einmal habe ich mich stundenlang damit beschäftigt, ein kleines Programm zu schreiben, mit dem der Computer zählen lernte. Wenn ich dieses Programm aufrief, erschienen Zahlen – in richtiger Reihenfolge! – auf dem Bildschirm, etwa so:

1	2	3	4	5	6	7	8	9	10
11	12	13	14	15	16	17	18	19	20
21	22	23	24	25	26	27	28	29	30

... und immer so weiter. Wieder und wieder habe ich mir diese Zahlen auf dem Bildschirm angesehen. Es war zu und zu schön. Außerdem war ich sehr stolz auf diese innovative Methode, weil sie mir das Zählen abnahm. Dadurch gewann ich wertvolle Zeit, die ich nutzte, um beispielsweise durch die Läden zu ziehen und mir einen neuen Computer auszusuchen.

Heute besitze ich natürlich ein viel fortgeschritteneres Modell. Es verfügt über einige für Computer extrem wichtige Dinge, wie »Megahertzen« und »megs« von »RAMs«. Den neuen Computer benutze ich, außer zum Zählen, für eine Menge lebenswichtiger Verrichtungen. Dieses Buch, zum Beispiel, schreibe ich auf dem Computer. Er operiert mit dem hochgradig populären Windows 95™-System, das die Welt der Software revolutioniert hat. Die Revolution besteht zum größten Teil darin, daß Bill Gates durch dieses System noch reicher geworden ist, als er es vorher schon war.

Ich liebe Windows 95™. Hauptsächlich weil dieses System so unglaublich kompliziert ist, daß ich es niemals, auch in zig Trillionen Jahren noch nicht, verstehen werde. Das ist ganz wichtig für uns Computerfreaks, denn am Computer rumzutüfteln und auszuprobieren, ob und wie dies, das und jenes funktioniert, ist für uns tausend Mal schöner, als irgend etwas einfach so ratzfatz wegzuarbeiten. Wenn Sie das nicht glauben, dann kaufen Sie sich mal das *Byte*-Magazin und lesen Sie die Kolumne von Jerry Pournelle. Jerry ist Schriftsteller und als Computer-Guru bekannt. Seine Kolumne hat Monat für Monat im wesentlichen den gleichen Inhalt, und zwar folgenden:

1. Jerry versucht, eine scheinbar geringfügige Veränderung an seinem Computer vorzunehmen, wie etwa das Anschließen eines neuen Druckers.

2. Alles geht fürchterlich schief, bis der Computer schließlich ganz abstürzt. Manchmal stürzen dann auch gleich noch einige von den anderen Computern mit ab, die Jerry besitzt. Manchmal verursacht das massive Stromausfälle an der gesamten Westküste. Jerry braucht Tage, um alles zu retten oder neu zu installieren.

3. Schließlich gelingt es mit Hilfe eines Anwender-Services (den es außer in Jerrys Kolumne nicht gibt, aber davon später) und Dutzender Computerexperten aus aller Welt, Jerrys Computer wieder einigermaßen auf den Stand von vor dem Absturz zu bringen, zumindest so weit, daß Jerry circa 1000 Wörter über das ganze Malheur für *Byte* schreiben kann.

Ich schwöre, daß es jedes Mal dasselbe ist, Monat für Monat, und dennoch erfreut diese Kolumne sich eines hohen Beliebtheitsgrades. Warum? *Byte* wird hauptsächlich von hochgebildeten Computerfachleuten gelesen. Und Jerry ist der einzige, der offen zugibt, daß wir hochgebildeten Computerfachleute unsere Computer in erster Linie zum Basteln, Rumtüfteln und Ausprobieren brauchen. Windows 95^{TM} kann kein normaler Mensch verstehen, und dehalb ist es ideal zum Basteln, Rumtüfteln und Ausprobieren. Außerdem gibt einem sein ausgeklügeltes, hoch differenziertes Zeichensystem die Möglichkeit, das hochgestellte ^{TM} hinter Windows 95 zu setzen. Ganz zu schweigen von all den anderen Sachen, die man alle dahintersetzen kann, zum Beispiel Windows 95$^{@}$, Windows 95☠, Windows 95☹ und natürlich Windows 95^{BILLYGATESISTDOOF}. (Über das Aufpeppen von Dateien werde ich in dem Kapitel über Textverarbeitungssysteme noch weitere wertvolle Tips geben. Bitte schlagen Sie nach unter dem Stichwort »Wie man eine Unzahl von Tasten drücken kann, ohne je ein Wort zu schreiben«.)

Die stutenstarke Konstitution meines Computers und von Windows 95^{BSE} bietet aber auch noch einen weiteren Vorteil: Ich kann multifunktionell arbeiten. Das heißt, ich kann mehrere Programme gleichzeitig laufen lassen, was wiederum bedeutet, daß ich jetzt schneller Zeit verschwenden kann als je zuvor.

Ich will Ihnen mal ein Beispiel nennen: Während ich dieses Kapitel schreibe, laß' ich gleichzeitig das Programm Sim Türme™ ®©☞ laufen. Darin errichtet man ein simuliertes Gebäude mit kleinen simulierten Rolltreppen, Fahrstühlen, Büros, Hotelzimmern, etc., und dann kommen lauter kleine simulierte Leute, und man muß alles daran setzen, sie sicher und glücklich zu machen. Das ist nicht einfach. Im Gegenteil. Während des letzten Absatzes, als ich rauszukriegen versuchte, wie man all diese bescheuerten Zeichen hinter ™ setzt, habe ich einen Notruf von einem der Hotelgäste erhalten, in dem er mich darüber informierte, daß ein Terrorist eine Bombe in dem Gebäude deponiert hat und eine Million Dollar Lösegeld fordert. Außerdem stapeln sich hier schon Beschwerden von einigen Dutzend Büroangestellten, die mehr Parkplätze fordern. Gerade kommt eine Meldung von der Rezeption rein, daß eine Invasion von Kakerlaken die Hotelzimmer heimsucht. Sie erleben sozusagen gerade live mit, wie ich dieser Probleme Herr zu werden versuche UND dieses informative Buch über Computer schreibe UND dabei das Programm »ABM Kommando« laufen habe, das gerade mehrere Großstädte vor der nuklearen Zerstörung bewahrt, UND in meiner »E-Mail« nachsehe, ob mein Verleger irgendeinen guten Rat für mich hat. Dank der Wunderwelt des Computers kann ich all diese Dinge simultan tun – in krassem Gegensatz zu berühmten Autoren des präcomputerialen Zeitalters, wie etwa Chaucer und Shakespeare, von denen überliefert ist, daß sie das Schreiben ganz und gar unterbrechen mußten, wenn sie Bock auf eine Runde »ABM Kommando« hatten. (Ganz abgesehen davon, daß die beiden ihre Manuskripte noch auf mechanischen Schreibmaschinen angefertigt haben.)

Was ich sagen will, ist folgendes: Ich habe gelernt, meinen Computer praktisch und produktiv im täglichen Leben einzusetzen. Auch Sie können das lernen, wenn Sie die zahlreichen Tips und technischen Hinweise beherzigen, die dieses Buch Ihnen liefert. Außerdem wird dieses Buch Ihnen sagen, wie endlich auch Sie ins Internet kommen und mit Hunderten, ja Tausenden von Menschen in Kontakt treten können, die Sie im richtigen Leben nicht mit dem Hintern angucken würden.

Und selbst wenn Sie keinen Computer besitzen oder ein ganz normaler Mensch sind, vielleicht sogar Lehrer, kann dieses Buch Ihnen helfen, Computer besser zu verstehen – diese erstaunlichen Apparate, die eine so immense Rolle in unserem Leben spielen, jede Minute, jede Stunde, jeden Tag, ab sechs Uhr morgens, wenn Sie Ihrem Radiowecker einen Schlag versetzen, damit er die Klappe hält. Denken Sie einmal darüber nach: Tief drinnen in diesem Radiowecker sitzt ein Minicomputer, ein elektronisches »Hirn«, das, obwohl nicht größer als die Fortpflanzungsorgane einer weiblichen Mücke, willens und in der Lage ist, dank dem wunderbaren Zusammenwirken unzähliger Elektrokreisläufe – nicht nur einfache Befehle zu verstehen, wie etwa »AN«, »AUS« und »ALARM«, sondern so komplexe Konzepte wie »SCHLUMMERTASTE«.

Und das ist erst der Anfang! Radiowecker werden immer intelligenter. Es werden schon Modelle entwickelt, die wissen, was Sie als nächstes tun werden. Während Sie diese Sätze lesen, arbeiten Wissenschaftler an einem Prototyp mit kleinen Füßen, der unmittelbar nach dem Klingeln auf dem Nachttisch herumzuwieseln beginnt, um Ihrer Faust auszuweichen. Die Entwicklung geht dahin, den Radiowecker so schlau zu machen, daß er, nachdem Sie ihm einige Male auf den Kopf gehauen haben, begreift, daß Sie in Wirklichkeit gar nicht um sechs aufstehen *wollen*. Statt Alarm zu schlagen, wird er sich auf Zehenspitzen aus dem Schlafzimmer schleichen, Ihren Arbeitgeber anrufen und mit verstellter Stimme (Ihrer eigenen) kündigen.

Liebliche Zukunftsmusik, sagen Sie? Eine zu optimistische Vision der künftigen High-Tech-Entwicklung? Das glaube ich nicht. Vergegenwärtigen wir uns doch einmal, welche Erleichterungen Computer uns jetzt schon bieten, *heute*, auf praktisch allen Gebieten des täglichen Lebens:

Auf dem medizinischen Sektor

Täglich passieren überall in Stadt und Land herzerwärmende Geschichten wie diese: Ein 53jähriger Mann leidet plötzlich unter Atemnot und starken Schmerzen in der Brust. Ein Krankenwagen bringt ihn ins nächste Krankenhaus, wo Ärzte den Mann, dessen Zustand sich rapide verschlechtert, einer Reihe von Untersuchungen unterziehen. Die Untersuchungsergebnisse werden sofort und auf der Stelle von einem speziellen Bildschirmtelefon in eine gigantische medizinische Datenbank, Tausende von Meilen entfernt, übertragen. Noch in derselben Sekunde kommt eine elektronische Meldung zurück, die die Ärtze darüber informiert, daß der Patient (den der Computer mit einem anderen, vor 38 Monate verstorbenen Mann ähnlichen Namens verwechselt hat) mit den Ratenzahlungen für sein Auto in Verzug ist und deswegen im Krankenhaus nur gegen Vorkasse (in bar) behandelt werden soll. Daraufhin bricht der Computer selbständig alle Verbindungen zur elektronischen und telefonischen Versorgung des Patienten ab und sperrt seine Kreditkarten. Diese ganze Operation nimmt nicht mehr Zeit in Anspruch, als Sie, lieber Leser, benötigen, um – sagen wir – zu rülpsen.

Bei Transportunternehmen

Wenn Sie öfter mit dem Flugzeug unterwegs sind, kennen Sie ja jenes wunderbare Gefühl von Sicherheit und Vertrauen.

Es resultiert letztendlich aus der Gewißheit, daß – obwohl Sie vielleicht in 10.000 Meter Höhe bei einer Reisegeschwindigkeit von über 700 Kilometern pro Stunde bei schlechter Sicht durch die Luft schießen – *keine zwei Fluggäste in diesem Flugzeug denselben Preis für ihr Ticket bezahlt haben.* Wie ist das möglich, fragen Sie sich. Es ist möglich, weil die Fluggesellschaften extrem phantasievolle Hochleistungscomputer benutzen, deren Arbeitsspeicher ständig verbessert und erweitert werden. Es ist das erklärte Ziel der Flugindustrie, – und sie wird es noch zu Ihren Lebzeiten erreichen – daß keine zwei Flugpassagiere auf der Welt mehr denselben Preis für irgendeinen Flug bezahlen. Gerade kürzlich wurde ein entscheidender Schritt zur Erreichung dieses Ziels gefeiert, als einem Anwalt aus Chicago, der nach Philadelphia fliegen wollte, eine Rechnung über zwei Kühe und eine Ziege ausgestellt wurde. Es handelte sich um einen Sondertarif, der nur mit einer Übernachtung am Wochenende zu buchen war und bei Stornierung oder sonstigen Änderungen eine Gebühr von zwei Schafen vorsah.

Kommunikationssysteme

Wenn man heutzutage schnell mit jemandem sprechen muß, egal in welchem Teil der Welt dieser Jemand sich gerade befindet, hält man es für selbstverständlich, ein paar Telefontasten zu drücken und dann – dank eines computergesteuerten, weltweiten Satellitennetzwerks – binnen Mikrosekunden mit einem multifunktional mikroprozessorgesteuerten Anrufbeantworter verbunden zu sein. Der informiert einen dann darüber, daß der gewünschte Jemand gerade nicht zu sprechen ist. Das ist aber nur ein Aspekt. Dank der Computertechnik können jetzt auch leblose Objekte *mit uns* in Kontakt treten. Ich rede hier jetzt nicht von Apparaten, die uns anrufen, wenn gerade das Essen auf dem Tisch steht, um dann ein vorproduziertes Band abzuspulen, das uns im Rahmen einer Verbraucherumfrage über unsere Meinung zu –

sagen wir – Abführmitteln befragt. Ich rede auch nicht von jenen sehr persönlich gehaltenen Briefen, die wir von Schreibcomputern erhalten, die uns beim Namen kennen und uns wissen lassen, daß sie uns niemals vergessen werden:

Sehr geehrter ***Mr. Dave Barry,***
haben Sie, ***Mr. Dave Barry,*** *schon einmal darüber nachgedacht, was aus Ihrer Familie – der* ***Mr. Dave Barry****-Familie – wird, wenn Sie,* ***Mr. Dave Barry,*** *auf tragische Weise in einen tragischen Unfall verwickelt werden, bei dem Sie,* ***Mr. Dave Barry,*** *ihre wichtigsten Arme und/oder Beine verlieren? Nun, wir von der Allgemeinen Einer Für Alle Alle Für Einen Versicherung haben sehr wohl darüber nachgedacht. »Wir hoffen von Herzen, daß* ***Mr. Dave Barry*** *hoch genug versichert ist«, hat erst kürzlich einer unserer Mitarbeiter geseufzt. Aus diesem Grunde,* ***Mr. Dave Barry,*** *sind wir heute in der glücklichen Lage, Ihnen folgendes Angebot ...«*

Nein, das kommunikationstechnische Wunder, das ich Ihnen hier nahebringen will, wird am deutlichsten durch die 1995 von den Medien aufgegriffene Geschichte einer Frau – Sie haben vielleicht davon gelesen – aus Billerica, Massachusetts. Sie betrieb von ihrer Wohnung aus ein kleines Unternehmen und hatte eine 800er Nummer. Sechs Monate lang bekam sie alle 90 Minuten, Tag und Nacht, einen mysteriösen Anruf. Sie ging jedesmal ans Telefon, aber niemand meldete sich. Sie wurde schon ganz verrückt davon, wollte aber ihre Nummer nicht ändern, weil ihr sonst Aufträge entgangen wären. Schließlich wandte sie sich an die zuständigen Behörden, die den ominösen Anrufer dann auch dingfest machten. Es war – und ich schwöre, daß dies nicht meine Erfindung, sondern wirklich wahr ist – ein leerer Öltank im Keller eines Wohnhauses in Potomac, Maryland. Dieser Öltank war mit einem Computer ausgestattet, der, wenn der Tank leer war, ein Telefonsignal bei einer Heizölfirma auslöste. Nun war diese Heizölfirma aber pleite gegangen, und ihre freigewordene Telefonnummer war an jene Kleinunternehmerin in Massachusetts vergeben worden. Mit anderen Worten: Dank moderner Computertechnologie war diese Frau von einem leeren Öltank belästigt worden, der Hunderte von Meilen entfernt in irgendeinem Keller stand. Ich denke, wir haben es hier mit einem Fortschritt zu tun, der noch vor wenigen Jahrzehnten für technisch unmöglich gehalten worden wäre. Auf jeden Fall ist der Öltank inzwischen abgeschaltet worden, was ein Segen ist, weil er sonst womöglich noch ins Wählerregister eingetragen worden wäre und dann mit Sicherheit Perot seine Stimme gegeben hätte. Wo wir gerade vom Wählen reden: Es gibt wohl kaum ein Gebiet, auf dem die Vorzüge des Computers deutlicher zutage treten als in der

Politik

Ohne Computer wäre die Regierung nicht in der Lage, so wirkungsvoll und effizient zu arbeiten, wie wir das von ihr gewohnt sind und erwarten. Denn die wichtigste Aufgabe der Regierung ist es, – und ich zitiere hier direkt aus der Verfassung – »Papier auszuspucken«. Das aber kann eine langwierige Angelegenheit sein, wenn man die altmodische Methode anwendet, bei der richtige Menschen sich hinsetzen und manuell darüber nachdenken müssen, was eigentlich auf jedem einzelnen Stück Papier draufstehen soll. Deshalb benutzen moderne Regierungen Computer. Computer, deren Kapazitäten groß genug sind, um tagtäglich Millionen von Dokumenten zu produzieren, egal worüber. Dadurch werden Regierungsbeamte entlastet und können sich wichtigeren Aufgaben zuwenden, wie zum Beispielen dem Nichtbeantworten von Anrufen. Ich bin in der glücklichen Lage, Ihnen ein perfektes Beispiel für die Arbeitsweise dieser Regierungscomputer zu geben. Mrs. Joyce Evans aus Larkspur, Kalifornien, hat es mir zugespielt. Es ist die Kopie einer computergeschriebenen Mitteilung, die ihr Sohn nach Abschluß seines Studiums von der Steuerbehörde zugeschickt bekam. Unter der Überschrift »FÄLLIGE STEUERN« wird in kilometerlangen Rechnungen nachgewiesen, daß die einbehaltenen Steuern des jungen Mannes sich alles in allem auf 1.518,90 Dollar belaufen, wohingegen seine zu zahlenden Steuern eine Summe von 1.519,– Dollar ergeben. Mit anderen Worten: Joyces Sohn hatte Steuerschulden in Höhe von 10 Cents. Wenn sich nun ein richtiger Mensch mit dem Fall befaßt hätte, wäre er – diesen Risikofaktor kann man bei Menschen nie ganz ausschließen – nach einigem Nachdenken unter Umständen zu dem Ergebnis gekommen, daß es irgendwie keinen Sinn ergibt, Zeit und Geld darauf zu verwenden, einen offensichtlich ehrlichen Steuerzahler wegen 10 lumpiger Cents in die Mangel zu nehmen. Das Problem mit dieser Denkungsart jedoch ist: Wenn man bei *einem* Steuerzahler wegen 10 Cents beide Augen zudrückt, tut man es auch bei einem zweiten, und ehe man sich's versieht, brauchen zehn Millionen Steuerzahler ihre 10 Cents nicht zu zahlen. Das enstpräche einer steuerlichen Mindereinnahme von einer Million Dollar, die dann Einrichtungen wie etwa dem Strategischen Heliumarsenal fehlen würden. (Vielleicht denken Sie jetzt: Haha, wir haben ja gar kein Strategisches Heliumarsenal! Vielleicht sind Sie ein Idiot.) Aber in diesem Fall ist der Nation zugute gekommen, daß ein Computer sich des Problems angenommen hatte. Ohne auch nur eine Nanosekunde zu zögern, hat er dem jungen Studierten die Steuerforderung von 10 Cents auf den Tisch geknallt, plus 12,41 Dollar Bußgeld, plus 0,78 Dollar Zinsen, zusammen also 13,29 Dollar. Sie können davon ausgehen, daß der junge Mann diese Summe bezahlt hat, denn andernfalls – und wer das nicht glaubt, hat noch nie etwas mit der Steuerbehörde zu tun gehabt – hätte der Computer ihn aufgefordert, noch mehr zu zahlen, und dann wieder mehr und immer so weiter, bis unser Studiosus eines Tages aufgewacht wäre, aus dem Fenster geschaut und festgestellt hätte, daß sein Haus von Panzern der Bundesarmee umringt ist. Deshalb tun wir Steuerzahler, was die Computer der Steuerbehörde uns sagen. Wenn so ein Steuercomputer sich einmal etwas in den Kopf gesetzt hat, kann keine Macht der Welt ihn davon abbringen. Bleibt nur zu hoffen, daß die Computer der Steuerbehörde sich nicht eines Tages mit denen der Fluggesellschaften kurzschließen. In dem Fall könnten wir schon bald Steuerbescheide über sechs Enten plus ein Bußgeld von zwei Hühnchen zugestellt bekommen.

Zum guten Schluß wäre da noch:

Das Schulsystem

Stellen Sie sich folgende Situation vor: An einem Wochentag um acht Uhr abends fällt Ihrem 12jährigen Sohn plötzlich ein, daß er am nächsten Morgen ein Referat über den Spanisch-Amerikanischen Krieg abliefern muß. Er hat überhaupt noch nichts über das Thema gelesen, aber die Bibliothek ist schon geschlossen. Kein Problem! Ihr computergeschultes Kind setzt sich an Ihren PC, aktiviert Ihr Modem, loggt sich ins Internet ein – in diesem Fall benutzt es den revolutionären »Wissens-Spuperhighway« – und schon Minuten später tauscht es mit Jungen und Mädchen aus ganz Nordamerika Bilder von nackten Weibern aus.

Ich könnte noch stundenlang so weitermachen. Beispiel um Beispiel könnte ich nennen, wie Computer unser tägliches Leben bereichern. Aber ich denke, ich habe mich bereits klar genug ausgedrückt. Wir leben nun mal im Computerzeitalter, und man will ja schließlich auch nicht zum alten Eisen gehören. Wir alle befinden uns in der Eincheckhalle des Lebens, und der Jet ins 21. Jahrhundert steht zum Abflug bereit. Sie müssen sich entscheiden: Bleiben Sie in der Wartehalle und ernähren sich vom abgestandenen Automatenfutter altmodischen Denkens? Oder gehen Sie an Bord und rasen mit in die Stratosphäre der Computerwelt, beschleunigt vom Düsenantrieb der technologischen Entwicklung, mit Bordverpflegung in Form von unbegrenztem Informationszugang zu allem und jedem? Sie können sich darauf verlassen, daß Ihnen im Falle von Turbulenzen durch zu schnelle Veränderungen dieses Buch als Kotztüte zur Verfügung steht.

Ich biete Ihnen eine Vision der Welt von morgen. Kommen Sie, nehmen Sie meine Hand! Lassen Sie uns gemeinsam einen Ausflug in den Cyberspace machen! Falls Sie von Computern keine Ahnung haben – keine Angst! Ich werde Sie nicht mit Technologiechinesisch überziehen. Ich präsentiere Ihnen lediglich ein paar simple, praktische, systematisch angeordnete, leicht zu verstehende Informationen, von denen ich mir die meisten einfach ausdenken werde. Geben Sie mir nur einen Moment Zeit, um dieses Kapitel schnell noch durch das Rechtschreibprogramm zu jagen – und dann geht sie los, unsere faszinierende Reise in eine schönere, bessere und vor allem producktiewere Zukunf.

1. Der Computer im Wandel der Zeit – Ein historischer Abriss von der Höhlenmalerei bis Windows 95

Mit Fortschritt hat das nichts zu tun

Die Anfänge der Mathematik

Die ersten Menschen brauchten noch keine Computer, weil sie auch die Zahlen noch nicht erfunden hatten. Das war insbesondere für Eltern ein großes Problem, weil sie kein Druckmittel besaßen, wenn sie ihre Kinder bändigen wollten. (»Hört jetzt auf! Hört jetzt endlich auf! Ich meine es ernst! Ich zähle jetzt bis … äh … bis … HÖRT JETZT AUF!«)

Erst im Paläolithikum erfand der Mensch die Zahlen. Leider hatte er jedoch, wie unsere Rekonstruktion einer bekannten Höhlenmalerei beweist, noch keine Ahnung, was sie bedeuten:

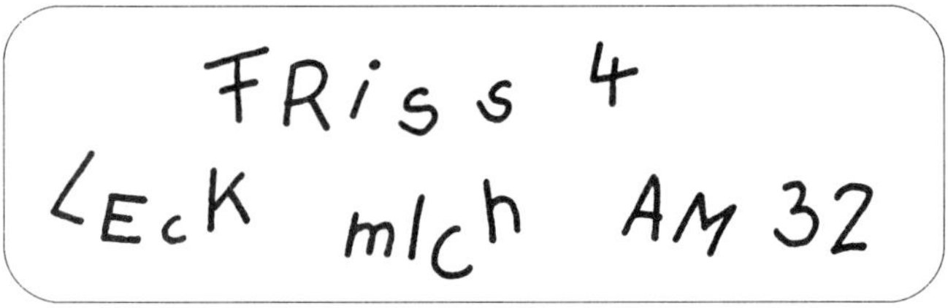

Quelle: Britisches Museum

Sie werden sich vorstellen können, daß es manchmal Monate dauerte, bis diese Menschen, wenn sie in die Miesen geraten waren, ihre Konten wieder ausgeglichen hatten.

Erst die alten Ägypter entdeckten, daß Zahlen, wenn man sie addiert und subtrahiert, für mathematische Zwecke benutzt werden können. Zum ersten Mal in der Geschichte der Menschheit war es nun möglich, sowohl die Pyramiden zu bauen als auch den Spielstand beim Bowling korrekt zu notieren.

Von Ägypten aus hielt die Mathematik auf Kamelrücken Einzug in die zivilisierte Welt, bis sie schließlich die alten Griechen erreichte, die daraufhin prompt den Kosinus erfanden. Wozu der gut ist, ist bis heute unklar geblieben. Aber die Griechen haben auch so große Denker wie Pythagoras hervorgebracht, der herausfand, daß man Trinkgeld in Höhe von 15% gibt.

Von da aus war es dann nur noch ein kleiner Schritt bis zur Erfindung der Trigonometrie – eine Entwicklung, die durchaus nicht von jedermann begrüßt wurde.

Die allerersten Computer

Manche Archäologen behaupten, Stonehenge – jenes mysteriöse Gebilde aus riesenhaften länglichen Steinen in England – stelle den unbeholfenen Versuch einiger Druiden dar, einen Computer zu konstruieren. Diese Theorie basiert auf der Tatsache, daß die Steine, von oben betrachtet, ein eindeutiges Muster bilden, wie unsere Luftaufnahme beweist:

Quelle: NASA

Etwa zur selben Zeit (um ca. 4:30 Uhr) erfanden die Chinesen den Abakus, – farbige Perlenschnuren in einem Holzrahmen – mit dem man in rasender Geschwindigkeit computerkompatible mathematische Berechnungen anstellen kann. Diese neue Technologie wurde zum ersten Mal von einem chinesischen Kaufmann praktisch angewendet, der eine Kundenrechnung erstellte. In Windeseile hatte er auf dem Abakus heraus, daß der Kunde ihm für ein Pfund Reis 297 Millionen Dollar (in damaliger Währung) schuldete. Bis heute sind Redewendungen im normalen Geschäftsleben erhalten, die auf diese Episode zurückgehen:

- »Moment, das haben wir gleich!«
- »Können Sie bitte später noch einmal wiederkommen? Unser Abakus ist gerade abgestürzt.«

In den folgenden Jahrhunderten sind dann immer wieder neue Computer erfunden worden. So zum Beispiel 1593, als der brillante deutsche Mathematiker Klaus von Schwurbelstrudel ein Gerät entwickelte, bei dem zwei Nippel eine Unmenge von Hebeln und Rädchen in Bewegung setzten, an deren Ende ein Stift befestigt war, der sich hin und her bewegte. Der Clou war, daß die Bewegungen dieses Stiftes eine deutlich sichtbare Spur in dem Tablett voller Sand hinterließen, das unter den Stift gehalten wurde. Und das Tollste war, daß diese Spur sich nach jedem Durchgang durch einfaches Schütteln des Tabletts wieder verwischen ließ, woraufhin der Sand wieder ganz glatt da lag, so daß man von neuem beginnen konnte. Leider hat diese Erfindung sich für die fortschreitende Computertechnologie als völlig nutzlos erwiesen. Sie war aber grundlegend für die letztendliche Herstellung jener besonders bei Kindern beliebten Zaubertafeln, bei denen man die beschriebene Tafel zum Löschen seitlich aus ihrer Zelluloidhülle ziehen und wieder von vorne anfangen kann.

Die ersten modernen Computer

Es wird Sie nicht überraschen, wenn ich Ihnen sage, daß es Leonardo da Vinci war, der den ersten Entwurf für einen modernen elektronischen Computer vorlegte, Leonardo da

Vinci, der hellste Kopf der Renaissance, dem wir übrigens auch die Erfindung von fast allen anderen praktischen Gegenständen des täglichen Gebrauchs zu verdanken haben: Hubschrauber, Anrufbeantworter, Strumpfhosen, Mähdrescher und Tetris. Im Jahre 1578 zeichnete da Vinci das folgende Diagramm, das – so simpel es auf den ersten Blick erscheinen mag – doch alle grundlegenden Elemente eines modernen Computers enthält:

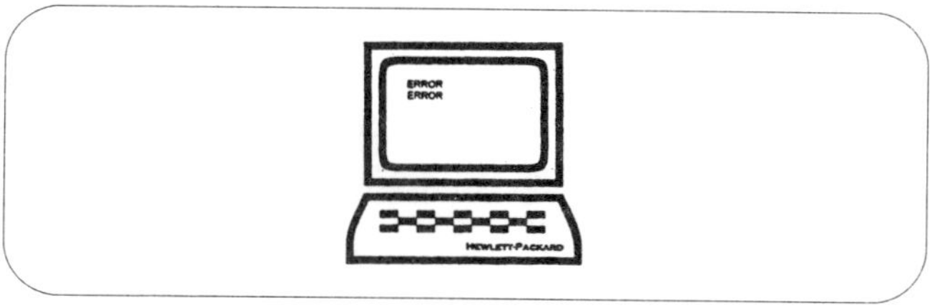

Es sollte jedoch noch mehrere Jahrhunderte dauern, bis – während der Industriellen Revolution – da Vincis Vision verwirklicht wurde. Der Mann, dem wir das zu verdanken haben, heißt Elias Smurton, der im Jahre 1807 einen dampfgetriebenen Computer konstruierte, den Data Belle. Die entscheidende Neuerung dabei war eine 14 Tonnen schwere Floppy Diskette, die von 40 Männern und sechs Pferden ins Laufwerk geschoben wurde.

Um seiner Erfindung zum Durchbruch zu verhelfen, forderte Smurton den führenden Mathematiker seiner Zeit, John »Henry« LeFromage, zu einem Wettbewerb zwischen seiner eigenen Maschine und der des gegnerischen Genies heraus. In einem dramatischen Showdown erwies sich das unheilvolle Potential der Datenverarbeitung. Als der Data Belle auf dem Höhepunkt der Veranstaltung die Aufgabe gestellt bekam, 2 plus 7 zu addieren, explodierte er mit einer solchen Wucht, daß später ein Stück von LeFromage – man nahm an, daß es sich um seine Bauchspeicheldrüse handelte – in etwa vier Meilen Entfernung gefunden wurde.

Von diesem Zeitpunkt an war klar, daß der Siegeszug dieser erstaunlichen, neuen Technologie nicht aufzuhalten sein würde. Wegen der horrenden Herstellungskosten und der phänomenalen Ungenauigkeit der frühen Computer blieb jedoch die amerikanische Regierung vorläufig ihr einziger Kunde. Anläßlich einer Volkszählung im Jahre 1890 hat die amerikanische Regierung zum ersten Mal Computer eingesetzt. In einer Rekordzeit von nur zwei Monaten war die Aktion beendet. Eine Fülle von nützlichen Informationen war zutage gefördert worden, unter anderem die alarmierende Tatsache, daß die Vereinigten Staaten nur 12 Einwohner hatten, die alle »Earl A. Snepp« hießen.

Als im Jahre 1913 die Einkommenssteuer erfunden wurde, riß sich, wie nicht anders zu erwarten, die Steuerbehörde alle verfügbaren Computer unter den Nagel. Das seinerzeit meistbenutzte Modell war ein sehr einfaches, aber wirkungsvolles Gerät. Es bestand im wesentlichen aus einem Kasten voll elektrisch geladener Nägel und einer Serie von perforierten Pappkarten. Man drückte die Nägel auf die Pappkarten, so daß sie sich durch die Perforation schoben und ein elektronischer Kreislauf sich schloß, wenn sie in die nackten Körper der Steuerzahler gestoßen wurden, die zu Informationsgesprächen vorgeladen worden waren.

Aber erst während des Zweiten Weltkriegs entdeckte die amerikanische Regierung den wahren Wert dieser Technologie, als es den Geheimdiensten mit Hilfe von Computern gelang, gegnerische Codes zu knacken. Das wohl berühmteste Beispiel dafür ist ein Telegramm, das der japanische Oberbefehlshaber am 3. Dezember 1941 unter höchster Geheimhaltung an den japanischen Botschafter in Washington schickte. Das Telegramm wurde von amerikanischen Spionen abgefangen und lautete:

ERDEN-WAU EARL-PAU ARBOR-HAU OMBARDIEREN-BAU / STOP / TOKIO

Das Telegramm wurde natürlich unverzüglich in den geheimsten Codeknacker-Computer des US-Kriegsministeriums gesteckt, der übrigens den Codenamen CODEKNAKKER trug, ein Supermodell mit Tausenden von interaktiven Knöpfen, Hebeln und Schaltern, sogenannten »Relais«. Im Gegensatz zu den menschlichen Spezialisten der zuständigen Abteilung konnte CODEKNACKER nonstop an dem Problem arbeiten, 24 Stunden am Tag, ohne Kaffeepausen, bis schließlich auch er – das war im März 1944 – kapitulieren mußte. Bevor er sich geschlagen gab, hatte er jedoch korrekt herausgefunden, daß es sich bei »Tokio« um eine »Großstadt in Asien« handelt, eine Information, die sich im weiteren Kriegsverlauf als höchst bedeutsam erweisen sollte.

Der nächste große Schub für den Durchbruch der Computertechnologie kam kurz nach dem Krieg, als der erste kommerziell vertriebene Computer entwickelt wurde, der ALLESSAUGER (heute IBM). Er hatte 20.000 Saugdrüsen, war 457 Quadratmeter groß und wog 40 Tonnen. Er wurde aber auch als handlicher Laptop von nur 27 Tonnen angeboten. Der ALLESSAUGER konnte 5000 mathematische Berechnungen pro Sekunde anstellen. Er kam dabei allerdings meist zu den falschen Ergebnissen. Nach heutigen Standards ist das nicht viel, aber zum ersten Mal in der Geschichte war nun etwas möglich, was vorher undenkbar gewesen wäre: Angestellte konnten am Arbeitsplatz Solitair *auf dem Bildschirm* spielen. Das moderne Büro war erfunden.

Während der folgenden zwei Jahrzehnte fand der Computer im Geschäfts- und Wirtschaftsleben weite Verbreitung. Dabei veränderten sich natürlich Arbeitsabläufe und Gepflogenheiten. Am deutlichsten wird das in puncto Papier. War es früher, im präcomputerialen Zeitalter, gang und gäbe, zu jedem noch so unbedeutenden Geschäftsvorgang eine Notiz auf einem Blatt Papier anzufertigen, gab es, dank elektronischer Datenverarbeitung, nun bald keinen Vorgang mehr, ohne daß Hunderte, manchmal Tausende von Papieren vollgeschrieben wurden. Jedes ernstzunehmende Unternehmen verfügte über einen Maschinenpark, in dem Dutzende von Druckern Tag und Nacht vor sich hin druckten. Endlose Bahnen perforierten Papiers quollen aus ihnen heraus, dicht bedruckt mit detaillierten Angaben über alles und jedes, in langen, schmalen Kolumnen, die keine lebende Person je zusammengestellt hätte, geschweige denn hätte lesen oder verstehen können. In gigantischen Lagerhäusern in New Jersey hingen diese Angaben dann ab und reiften, bevor sie vermoderten und zu Dünger für junge Bäumchen verarbeitet wurden, die man heranzüchtete, um die steigende Nachfrage nach Computerpapier zu befriedigen.

So bedeutend diese Fortschritte auch waren, blieben sie zunächst doch auf Wirtschaftskreise beschränkt. Der gewöhnliche Bürger hatte keinen direkten Zugang zu Computern und insofern auch keine persönlichen Erfahrungen mit den Segnungen der neuen Technologie. Das änderte sich erst mit der Einführung des ersten wirklich praktischen Datenverarbeitungsgeräts, der Pong-Maschine. Das war in den frühen 70ern dieses Jahrhunderts. Plötzlich konnte der einfache Bürger, der vorher in Bars, Kneipen und Imbissen nur stumpfsinnig auf die bunten Spielautomaten an den Wänden gestarrt hatte, mit Hilfe kleiner elektronischer Knöpfe, Tasten und Pedale Leben in die Spielabläufe bringen und sie aktiv mitgestalten. Nachdem die Amerikaner einmal begriffen hatten, in welchem Ausmaß ihre persönliche Freiheit und Produktivität durch diese Erfindung gesteigert wurde, war es nur noch eine Frage der Zeit, bevor sie nach Pac-Man verlangten – und es bekamen.

Nun wurde die Nation computersüchtig. Das Problem war nur, daß es diese Computer lediglich in Bars, Kneipen und Imbissen gab, daß man Kleingeld brauchte, um sie in Gang zu setzen, daß sie auf die Dauer ziemlich langweilig waren und daß man sie nur zum Spielen benutzen konnte.

Was gebraucht wurde, war also ein Heimcomputer, der Tausende von Dollars kostete, mehr Tasten hatte und trotzdem hauptsächlich zum Spielen benutzt werden konnte. Das war die Geburtsstunde des Personal Computers, des PC.

Anfänglich operierten die PCs von verschiedenen Herstellern mit verschiedenen Systemen, so daß man sich, wenn man den PC wechselte, mit einer vollkommen anderen Bedienungsanleitung vertraut machen mußte. Das war natürlich uneffektiv. Folglich kamen in den frühen 80ern die führenden Computerhersteller überein, mit dem Unsinn aufzuhören und sich statt dessen auf ein einheitliches, standardisiertes Bedienungssystem zu einigen, das so fern ab von jeglichem menschlichen Denken und Fühlen war, daß niemand es verstehen konnte. Dieses System nannten sie »MS-DOS«.

Das »MS« steht für »Microsoft«. So heißt das Unternehmen des Software-Genies Billy Gates. Heute ist Gates ein reicher Mann. *Forbes* hat kürzlich eine Schätzung des Gates-Vermögens veröffentlicht. Derzufolge hätte der Mann mehr Geld als die Verteidiger von O. J. Simpson verdient haben – *zusammen*! Sie wollen wissen, wie das möglich ist? Die Antwort ist nur ein Wort: »Versionen«.

Um zu erklären, was es mit diesen Versionen auf sich hat, lassen Sie mich einen Vergleich mit der Autoindustrie anstellen. Nehmen Sie einmal an, Sie hätten sich ein neues Auto gekauft und stellten schon nach kurzer Zeit fest, daß es sich zwar bewegt, aber nur sehr langsam, daß es schwer zu lenken ist und merkwürdig kratzende Geräusche macht. Sie beobachten das eine Weile und kommen dann zu dem Schluß, daß die Ursache des Problems möglicherweise darin liegt, daß Ihr Auto keine Vorderräder hat. Sie gehen also wieder zu Ihrem Autohändler und fragen ihn um Rat. Der lächelt milde und macht Sie darauf aufmerksam, daß Sie die 1.0-Version dieses Autos gekauft haben, die 1.1-Version komme aber schon in Kürze auf den Markt, und die hätte

Vorder- *und* Hinterräder. Sobald die 1.1-Version dann im Handel ist, heißt es »nachrüsten«. Das wiederum heißt Geldausgeben. Aber Sie sind glücklich, denn jetzt haben Sie ein Auto mit einem kompletten Fahrgestell. Sie sind rundum zufrieden und fahren zügig los, um 90 Sekunden später gegen einen Bauzaun zu knallen. Das ist der Moment, wo sie feststellen, daß Bremsen erst ab Version 1.3 vorgesehen sind.

So arbeitet MS-DOS. Die Originalversion, 1.0, konnte praktisch nichts – außer die folgenden Zeichen auf dem Bildschirm bringen:

A:〉

Das war alles. Wirklich. Da können Sie jeden fragen, der damals mit MS-DOS gearbeitet hat. Man schaltete den Computer ein, und es erschien dieses A:〉 auf dem Bildschirm und starrte einen an. Was soll das bedeuten, fragte man sich. Warum »A:〉«? Warum kein anderer Buchstabe oder vielleicht sogar ein ganzes Wort? Und was wollte das kleine spitze »〉« uns sagen? Diese Fragen sind bis heute von niemandem beantwortet worden. Niemand wird je die Antwort wissen. Es wird eins der vielen Geheimnisse von MS-DOS bleiben.

Nun, jedenfalls hat man damals seinen Computer eingeschaltet und eine Zeitlang das

A:〉

angestarrt, sich am Kopf gekratzt und schließlich angefangen, irgend etwas dahinter zu schreiben, etwa:

A:〉HALLO

Aber, und das war die Crux mit der 1.0-Version von MS-DOS: Egal, was man eingab, die Reaktion war immer:

UNGÜLTIGER BEFEHL ODER DATEINAME

Dann schaltete das System ohne weitere Erklärungen wieder um auf:

A:⟩

Es gab Gerüchte, die allerdings nie bestätigt wurden, daß man geheime Codewörter eingeben konnte, auf die der Bildschirm mit etwas anderem reagierte als »A:⟩« oder »UNGÜLTIGER BEFEHL ODER DATEINAME«. Falls solche Codewörter je existiert haben, waren sie nur Billy Gates bekannt. Daher wurde diese Version von MS-DOS hauptsächlich dazu benutzt, – und viele Millionen Stunden Arbeitszeit gingen dabei drauf – dem Computer eine Reaktion zu entlocken – *irgendeine*. Wenn man sich noch einmal ansehen könnte, was auf den Bildschirmen des gemeinen Computerbenutzers in jenen Jahren stand, würde sich das wie ein Gespräch zwischen dem Computerbenutzer und einem besonders schlechtgelaunten Beamten lesen:

A:⟩HALLO
UNGÜLTIGER BEFEHL ODER DATEINAME
A:⟩HILFE!
UNGÜLTIGER BEFEHL ODER DATEINAME
A:⟩TU WAS!
UNGÜLTIGER BEFEHL ODER DATEINAME
A:⟩LAD EIN PROGRAMM, VERDAMMMT NOCHMAL!
UNGÜLTIGER BEFEHL ODER DATEINAME
A:⟩LECK MICH AM A****!
UNGÜLTIGER BEFEHL ODER DATEINAME, A****LOCH!

So sah es überall auf den Bildschirmen aus, die von MS-DOS in der Version 1.0 gesteuert wurden. Umso verständlicher, welche Aufregung herrschte, als Microsoft mit der Version 1.1 herauskam. Sie enthielt etwas ganz Neues. Außer

A:⟩

erschien auf den Bildschirmen nun bisweilen:

C:⟩

Ein neuer Buchstabe! Was für eine Herausforderung für uns Computerfreaks! Umgehend rüsteten wir nach und besorgten uns die Version 1.1. Natürlich war es vollkommen egal, was man nun eingab. Die Reaktion war immer UNGÜLTIGER BEFEHL ODER DATEINAME. Aber wir schöpften neue Hoffnung.

Im Laufe der folgenden Jahre brachte Microsoft eine neue und verbesserte Version nach der anderen auf den Markt. Das Repertoire unverständlicher und/oder beängstigender Bildschirmreaktionen erweiterte sich ständig. Etwa so:

B:⟩
KEINE DISKETTE IN LAUFWERK B
TEXT KANN NICHT BEARBEITET WERDEN
NICHT GENÜGEND SPEICHERKAPAZITÄT VORHANDEN
ACHTUNG! ALLE DATEIEN WERDEN GELÖSCHT!

... und natürlich das immer wieder gern gesehene:

(A)BBRECHEN (W)IEDERHOLEN (U)EBERGEHEN?

Wir Microfreaks haben treu und brav jedesmal nachgerüstet, wenn eine neue Version da war, bis es möglich wurde, – das muß so um Version 3.7 herum gewesen sein – regelrechte Programme zu laden. Billy Gates stellte sich zu dem Zeitpunkt seinen circa 217. Privatjet in den Hangar.

Der Vollständigkeit halber sollte ich erwähnen, daß während all diese Dinge passierten, in einem parallelen Sonnensystem ein ganz anderer Computer entwickelt wurde. Er hieß Apple und war völlig anders konzipiert, und zwar so, daß richtige Menschen ihn benutzen konnten. Man schaltete ihn ein und augenblicklich konnte man mit ihm arbeiten. Einfach so. Auf seinem Bildschirm leuchteten kleine Bildchen, und er hatte eine kleine »Maus«, mit der man einen Pfeil zu dem Bildchen hinbewegen konnte, das man sich ausgesucht hatte. Sogar Kinder konnten damit umgehen. Viele Jahre lang, in denen wir von der MS-DOS-Fraktion uns mit obskuren Befehlen abmühten wie:

dir c:\abcproj\dokum\brf\priv*.*

nahmen die Apple-Leute einfach nur ihre kleine Maus zur Hand, führten den kleinen Pfeil auf ein kleines Bildchen und machten »klick«.

Um es kurz zu machen: Ein Apple war viel einfacher zu bedienen. Deswegen hat die große Mehrheit der Computerbenutzer ihn abgelehnt. Wie ich bereits in der Einleitung ausführte, brauchen wir unsere Computer in erster Linie, um uns von ihnen quälen zu lassen. Wir wollen keinen niedlichen, »benutzerfreundlichen« Computer. Wir suchen die Herausforderung.

Aus diesem Grunde gilt der Apple unter uns Cyberjettern als nicht ernstzunehmender Computer. Wir betrachten ihn als wichtigtuerisches Accessoire des typischen Weicheis – des Malers, Lyrikers, Hippies, Floristen oder Heroinsüchtigen. Seriöse Computerbenutzer wie wir sind stolz auf die Machtkämpfe, die unsere von Microsoft-Systemen zu offener Feindseligkeit aufgestachelten Computer uns liefern. Wir schrecken auch nicht vor dem unverständlichsten System von allen zurück, vor Windows ®©TM

Noch während ich dies schreibe, hallt die Computerwelt von der Aufregung wider, die Windows 95 ®©TM verursachte, als es seinen Vorgänger ablöste, Windows 3.11 ®©TM, was wiederum Windows 3.1 ®©TM abgelöste hat, den Vorgänger von Windows 3.0 ®©TM, und so weiter und so fort, bis zurück zum Original-Windows in der Version 1.0 ®©TM, die nichts anderes konnte als ein farbenfrohes Windows ®©TM auf den Bildschirm zaubern, gefolgt von der Mitteilung »KEINE SPEICHERKAPAZITÄT VORHANDEN«.

Windows 95 ®©TM bedeutete einen gewaltigen Schritt nach vorne, weil es so gut wie keine Ähnlichkeit mit all seinen Vorgängerversionen hatte und kein Mensch damit umgehen konnte. Das machte es natürlich sofort sehr populär. Alle wollten es haben. Bei Microsoft gingen massenhaft Bestellungen aus aller Welt ein, inklusive primitiver Stämme, die irgendwo im Regenwald leben und noch nicht einmal Strom haben.

Es konnte aber nicht ausbleiben, daß der eine oder andere dann doch einen Weg fand, mit Windows 95 ®©TM zu arbeiten. Nun stehen die Softwaredesigner wieder vor dem Problem, mit innovativen Kreationen auch diesen Kunden etwas zu bieten, woran sie sich die Zähne ausbeißen können. Aber keine Sorge, ihnen wird schon was einfallen! Momentan arbeiten sie an experimentellen Programmen, die sich selbständig in neue, hundertprozentig inkompatible verwandeln, *während sie laufen*. Wir wollen auch nicht die Hardware-Hersteller vergessen, die ununterbrochen schnellere und leistungsstärkere Modelle auf den Markt bringen, so daß der Computer, den sie Ihnen erst letzten Monat aufgeschwatzt haben – kaum installiert – schon wieder veraltet ist.

O ja, es war ein weiter Weg von den ersten krakeligen Schreibversuchen unserer höhlenbewohnenden Vorfahren bis heute. Wie würden diese Höhlenmenschen wohl reagieren, wenn wir ihnen einen modernen Computer vorführten? Vermutlich würden sie ihn so lange mit einem Stein behauen, bis sie ihn zum Laufen brächten. Sie waren nämlich viel cleverer als wir ahnen.

2. WIE **Computer** FUNKTIONIEREN

(wenn sie funktionieren)

Viele Menschen haben Angst vor Computern, weil sie etwas mit Elektrizität zu tun haben. Und Elektrizität hat uns schon immer in Erstaunen versetzt. Jedesmal, wenn man einen Stecker aus der Steckdose zieht, fragt man sich, warum kein Strom aus der Wand getröpfelt kommt. (Das liegt übrigens, laut Stephen Hawking, am Luftdruck.)

Deswegen haben wir eigentlich vor allen Elektrogeräten Angst. Wenn wir das Radio einschalten, wissen wir, daß es gleich Geräusche hervorbringen wird, etwa »Wooly Bully« von Sam the Sham and the Pharoahs. Wenn wir jedoch erklären sollten, warum das so ist, würden wir wahrscheinlich einfach nachplappern, was unser Physiklehrer immer gesagt hat, nämlich daß das Radio »Radiowellen« empfängt. Wenn wir ehrlich sind, müssen wir zugeben, daß wir keine Ahnung haben, was das bedeutet. Noch nicht einmal die simpelste Frage in diesem Zusammenhang könnten wir beantworten: Was *sind* Radiowellen? Wieso hören wir nichts, wenn sie uns draußen im Freien an die Ohren dringen? Wieso hören wir dann nicht wenigstens ein paar Takte von »Wooly Bully«? Wie können sie durch Wände gehen? Gehen sie auch durch unsere Körper hindurch? Durchbrechen sie etwa unsere Schädeldecken und spielen dann mit den Schädelwänden Squash? Ist das unter Umständen der Grund dafür, daß uns manche Songs (meist welche, die wir nicht leiden können, wie etwa »I Shot The Sheriff« oder auch »Seasons in the Sun«) einfach nicht mehr aus dem Kopf gehen?

Nicht eine dieser Fragen können wir beantworten. Die traurige Wahrheit ist: Wenn unser Physiklehrer behauptet hätte, daß Radios von winzigen atomaren Singhamstern angetrieben werden, würden wir eben *das* nachplappern. Wir wissen nichts über Technik. Es gibt kein einziges technisches Hausgerät, dessen Funktionsweise wir erklären könnten, nicht einmal die der Salatschleuder. Folglich halten wir das komplizierteste unter ihnen, den Computer, für begabter als uns selbst.

Das stimmt aber nur bedingt. In Wirklichkeit basiert die Funktionsweise eines Computers auf ganz simplen Prinzipien. Jeder, der über ein Minimum an Phantasie verfügt (und einen IQ von 750), kann sie verstehen. Setzen wir uns also einmal unsere Denkmützen auf und widmen wir uns der Frage:

Wie Computer funktionieren

Zunächst einmal fließt Strom in den Computer. Er kommt aus der Steckdose. Die wiederum wird von einem großen Elektrizitätsunternehmen gespeist. Zwischen dem Unternehmen und unserer Steckdose stehen allerlei Strommasten, auf denen Eichhörnchen herumturnen.

Eine Frage, die nach drei, vier Martinis immer wieder gern gestellt wird, lautet: Wie kommt es, daß die Eichhörnchen keinen Schlag bekommen? Um diese Frage zu beantworten, müssen wir uns zunächst einmal vergegenwärtigen, was ein Elektrokreislauf ist.

Wenn Sie ein Elektrogerät einschalten, fließt Strom durch ein Kabel in das Gerät. Dort wird er in einem Prozeß, den man »Elektrolyse« nennt, in winzige Mikrowellen zerlegt. Diese nun wieder flitzen in der Aufbackzone herum, bis sie ihr Zielobjekt, sagen wir: vier Knack & Back-Brötchen, ausfindig gemacht haben. Die genaue Position der Knack & Back-Brötchen signalisieren sie sich dann gegenseitig, indem sie auf unverwechselbare Weise mit den Schwänzen wedeln. Die Arbeitswellen, oder »Drohnen«, umschwärmen die Königin und penetrieren deren Eileiter. Dadurch wird allen

Beteiligten sehr schnell sehr warm. Die Brötchen werden erst weich und dann kroß. Später kommt dann noch Aminosäure ins Spiel, aber das berührt schon das Thema 'Verdauung'. Wenn es so weit ist, kommen Abdrücken und Runterspülen ins Spiel. Das Endprodukt jedenfalls wird durch ein unterirdisches Rohr- und Kanalsystem einem Klärwerk zugeführt, das dann wiederum frisches, sauberes Wasser in die Flüsse leitet. Wasserfälle bilden sich und treiben gigantische Turbinen an, mit denen Strom gewonnen wird, der via Kabel in Ihre Elektrogeräte fließt. Der Kreislauf ist geschlossen.

Wir sehen also: Eichhörnchen haben damit gar nichts zu tun. Um die Eichhörnchen brauchen Sie sich wirklich keine Sorgen zu machen! Schließlich machen sie sich auch keine Sorgen um *Sie*! Meiner Meinung nach hätten Sie viel mehr davon, wenn Sie Ihre volle Aufmerksamkeit nun der Frage widmeten, um die es die ganze Zeit schon geht:

Wie Computer funktionieren

Eigentlich sind Computer nur Zählwerke. Aber sie zählen anders als wir. Wir benutzen ein Zehnersystem zum Zählen, Mathematiker nennen es das »Dezimalsystem«. Das heißt, wir sagen null, eins, zwei, drei, vier und so weiter, bis wir bei zehn angelangt sind. Bei allem, was darüber hinausgeht, sollte man fairerweise aus der Kassenschlange für Kleinkäufe wieder ausscheren.

Zugegeben, es gibt noch unerforschte Zonen in unserem Zahlensystem. Wenn man zum Beispiel zwei Steckrüben kauft, kann man sie als einen Posten betrachten, denn der Verkäufer wird sie zusammen abwiegen, und sie werden als ein Posten auf dem Kassenzettel erscheinen. Ganz anders bei Cornflakes. Wenn Sie zum Beispiel ein Paket Crunchy Nut und ein Paket Froot Loops kaufen, erscheinen sie als zwei Posten auf der Rechnung. Bitte sagen Sie jetzt nicht: »Das ist aber doch alles Frühstücksgetreide und müßte insofern ein

Posten sein.« Diese Argumentation ist vom Obersten Gerichtshof schon vor Jahren widerlegt worden (in dem Fall Mrs. Bernice A. Whackendorf gegen eine Interessengemeinschaft zur Verkürzung der Wartezeiten an Supermarktkassen).

O ja, auch ich habe schon hinter Kundinnen an der Kasse gestanden, die alles separat eingetippt haben wollten! Ich kenne ihre Tricks! Sie stellen sich an der Kasse für Kleinkäufe an, aber statt der erlaubten 10 Posten haben sie mindestens 15 oder 16 im Einkaufswagen. Und unmittelbar bevor sie an der Reihe sind, fällt ihnen ein, daß sie etwas ganz Wichtiges vergessen haben. Dann kann die ganze Schlange hinter ihnen Däumchen drehen, während ihr achtjähriges Kind den Käse mit der Kuh, die lacht, sucht. Angesichts der Zeitspanne, die das Kind unterwegs ist, muß das Käseregal wohl in der Nähe des Amazonasbeckens aufgestellt sein. Kaum ist das Kind dann von seiner Expedition zurück, wird es erneut losgeschickt, denn es hat die 200-Gramm-Packung gebracht. Der Einkaufsgutschein (o ja, sie haben Einkaufsgutscheine!) gilt aber nur für die 150-Gramm-Packung. Wenn dann schließlich und endlich alles eingetippt und eingepackt ist, ABER ERST DANN!, fangen sie an, in ihren monströsen Handtaschen nach dem Scheckheft zu suchen (NATÜRLICH BEZAHLEN SIE PER SCHECK!!). Und sie bitten jemand hinter ihnen in der Schlange um einen Stift. Und dann können sie ihre Scheckkarte nicht finden. Und dann fragen sie, welches Datum heute eigentlich ist. Und dann bitten sie die Kassiererin, doch noch einmal nachzusehen, ob sie auch wirklich die vorgelegten Gutscheine für das Katzenfutter und den Schokoriegel berücksichtigt und eine entsprechende Summe abgezogen hat. IST IHNEN EIGENTLICH KLAR, WAS SIE DEN HINTER IHNEN WARTENDEN ANTUN? IST IHNEN KLAR, WIE KNAPP SIE EINEM (BERECHTIGTEN) AKT VON LYNCHJUSTIZ ENTGEHEN UND WIE KAMPFGE-

EIGNET DAS EINE ODER ANDERE GEMÜSE IST, DAS IN DEN EINKAUFSWAGEN HINTER IHNEN NUR AUF SEINEN EINSATZ WARTET? IST IHNEN KLAR, DASS EINE TIEFGEKÜHLTE MAISPOULARDE EINE TÖDLICHE WAFFE SEIN KANN?

Nein, das haben sie alles nicht bedacht! Taub und blind gegen ihre Mitmenschen sind sie Gefangene in ihrer eigenen kleinen Welt. Nie würde es ihnen in den Sinn kommen, sich Gedanken über gesamtgesellschaftlich so relevante und zukunftsentscheidende Themen zu machen, wie etwa:

Wie Computer funktionieren

Was man zunächst einmal begreifen muß, ist folgendes: Computer zählen anders als wir. Anstelle unseres »Dezimalsystems« benutzen Computer etwas, das Mathematiker als das »binäre System« bezeichnen. In diesem System gibt es nur zwei Zahlen, die 0 und die 1.

In gewisser Weise ist der Computer also benachteiligt. Zum Beispiel den folgenden Schlachtruf wird er nie zustandebekommen:

Eins, zwei, drei, vier!
Welche Mannschaft lieben wir?

Statt dessen wird der Computer es allenfalls zu einem dürftigen:

Null, eins!
Schieß, Karl-Heinz!

bringen. Das ist natürlich uneffektiv. So erklärt sich auch das Phänomen, daß Computer, so brillant sie auch Schach spielen, im Fußball immer noch ziemliche Stümper sind.

Andererseits befähigt das binäre System den Computer, bestimmte Aufgaben schneller und besser zu lösen als das menschliche Gehirn. Der durchschnittliche Mensch braucht zum Beispiel bis zu einer halben Stunde, um den Text von »Blowin' in the Wind« auswendig zu lernen. Und selbst dann ist die Wahrscheinlichkeit groß, daß der Mensch mit den einzelnen Strophen durcheinander kommt (etwa: *»How many times must a man look up / And pretend that he just doesn't see?«*). Ein Computer hingegen, mit seinem binären System, braucht immer bloß die Zeile zu singen: *»How many roads must a man walk down«*. Der Unterschied wird noch deutlicher, wenn Sie an irische Volkslieder denken, wie etwa »Seven Drunken Nights«.

Sie als Computerbenutzer sehen natürlich nicht nur Nullen und Einsen auf Ihrem Bildschirm. Sie sehen alle Zahlen so wie Sie sie gewohnt sind, auch alle Buchstaben sowie – wenn Sie die immensen Möglichkeiten des Internets nutzen – schmutzige Bildchen.

Wie kommt das? Was geht in dem magischen Kasten vor? Um das zu beantworten, müssen wir uns nun in aller Ausführlichkeit der Frage widmen:

Wie Computer funktionieren

Leider ist es nicht möglich, eine so komplexe Frage auf den wenigen Zeilen zu beantworten, die für dieses Kapitel noch zur Verfügung stehen. Kurz läßt sich aber folgendes sagen: Vermutlich ist es so, daß der Strom, der in den Computer fließt, bestimmte Teile im Innern des Computers aktiviert, die dann die eigentliche Arbeit machen. Wie das im einzelnen vor sich geht, weiß ich nicht – womöglich mit Radiowellen.

3. KAUF UND INSTALLIERUNG EINES COMPUTERS

1. Schritt: Valium kaufen

Wenn Sie sich im Cyberspace noch nicht auskennen, steht Ihnen der Kauf eines Computers wahrscheinlich ziemlich bevor. Sie haben Angst, den falschen zu wählen, und sind verwirrt von der Fülle des Angebots. Das ist nicht nötig. Sie müssen sich nur etwas Zeit nehmen, um die Grundbegriffe der Computerologie und ein wenig von der hier gebräuchlichen Fachsprache zu lernen. Dann sind Kauf und Installierung des richtigen Computers nicht schwerer, als beispielsweise einen Atomreaktor aus gebrauchten Armbanduhren zusammenzubasteln (allerdings in einem abgedunkelten Raum und nur mit den Zähnen). Packen wir's also an!

Welcher Computer ist der richtige für mich?

Computerexperten vertreten einhellig die Meinung, daß der Computer, der am ehesten auf Ihre individuellen Ansprüche zugeschnitten ist, grundsätzlich erst zwei Tage, nachdem sie einen anderen gekauft haben, auf den Markt kommt. Und das stimmt. Denn die Computerhersteller beschäftigen eine Unzahl von Agenten, die Sie und Ihre Wohnung rund um die Uhr überwachen. In dem Moment, wo Sie mit einem neu gekauften Computer zur Tür hereinspaziert kommen, nehmen diese Agenten über die in ihre Krawattennadeln eingebauten Mini-Funkgeräte Kontakt zu den Herstellern auf und sagen: »*(Ihr Name)* hat gerade einen Computer gekauft! Sie müssen sofort einen viel besseren auf den Markt schmeißen, einen mit viel mehr Funktionen und Programmen, aber zum selben Preis, so daß *(Ihr Name)* sich wie der letzte

Trottel vorkommt!« Ich weiß, wovon ich spreche. Mit mir haben sie das schon Dutzende von Malen gemacht.

Und glauben Sie bloß nicht, Sie könnten die Jungs austricksen, indem Sie etwa mit einer *leeren* Computerschachtel zur Tür hereinspaziert kommen und laut vor sich hin sprechen: »Hier bin ich, gerade zurück vom Computerkaufen.« Machen Sie keinen Affen aus sich: Diese Leute arbeiten mit Röntgenbrillen!

Wieviel darf mein Computer kosten?

Circa 750,– weniger als Sie tatsächlich bezahlen.

Wie groß sollte mein Computer sein?

Als erstes müssen Sie sich klarmachen, ob Sie einen »Desktop« oder einen »Laptop« haben wollen. Ein Desktop hat den Vorteil, daß er Ihren ganzen Schreibtisch zustellt, so daß Sie sich prima dahinter verstecken können, wenn Sie beispielsweise einmal in der Nase bohren wollen. Außerdem hat ein Desktop-Computer den größeren Bildschirm. Den brauchen Sie, wenn Sie ein Kraftmensch sind und viel mit Graphikprogrammen arbeiten, wie etwa bei »Golf« (vorm Einlochen Finger aus der Nase nehmen!). Ein weiterer Vorteil des Desktop-Computers, besonders im Büro, ist seine Verwendbarkeit als Kommunikationsträger, wenn Sie ihn mit kleinen gelben Zettelchen mit Botschaften an die Kollegen vollkleben.

Laptop-Bildschirme haben eine schlechtere Auflösung. Trotzdem ist es erstaunlich, wieviel Datenverarbeitungsmasse in diesen leichtgewichtigen, taschenkalenderformatigen, unwahrscheinlich leicht zu klauenden Geräten steckt. Außerdem sind sie batteriegetrieben. Das bedeutet, Sie können diesen Computer überall mit hin nehmen – auf ein Schiff, eine entlegene Hütte, ins Karussell usw. Allerdings hört der Laptop alle naslang zu arbeiten auf, weil er mit speziellen Spezialbatterien arbeitet, die Sie alle 20 Minuten aufladen müssen.

Ich persönlich nehme meinen Laptop überall mit hin. Er hilft mir, in tödlich langweilige Gespräche verwickelt zu werden, aus denen es kein Entrinnen gibt, wenn ich zum Beispiel auf einem Langstreckenflug, den Laptop auf den Knien, von meinem freundlich-interessierten Nebenmann angesprochen werde. Sie kennen diese Forrest Gumps sicherlich. Begeben sich auf einen Transatlantikflug ohne Reiselektüre, Beschäftigungsspiele, Handarbeitszeug oder sonstwas. Nachdem sie ungefähr 20 Minuten lang die Kotztüte einer genauen Inspektion unterzogen haben, fangen sie an, ihre nähere Sitzumgebung nach möglichen Gesprächsopfern abzuchecken, nur zu ihrer eigenen Unterhaltung. Ich sitze immer neben solchen Leuten (vermutlich gehört das zu den Bestimmungen der Amerikanischen Luftfahrtbehörde). Spätestens wenn ich meinen Laptop aufklappe, sind sie fasziniert. Warum auch nicht? Er ist ja tatsächlich fast noch interessanter als eine Kotztüte! Sie starren ihn eine Zeitlang an, und dann entwickelt sich in etwa folgendes Gespräch:

Freundliche Person *(gestikuliert in Richtung Computer, der ganz offenbar ein Computer ist):* Ist das ein Computer?
Ich: Ja.
(Die freundliche Person merkt gleich, daß wir beide uns richtig gut verstehen, beugt sich zu mir herüber und blinzelt auf den Bildschirm. Ich hasse es, wenn Leute sich angucken, was ich geschrieben habe. Meist will ich es selbst lieber nicht angucken, denn es handelt sich in der Regel um relativ wahllos zusammengestellte Wörter, die verzweifelt versuchen, sich zu einer Pointe zusammenzuraufen. Ich tu' also so, als sei ich schwer beschäftigt, damit die freundliche Person merkt, daß ich arbeite und mich in Ruhe läßt. Das jedoch passiert nicht. Nie.)
Freundliche Person: Was tun Sie da?
Ich: Schreiben.
(Schnell wende ich mich wieder meinem Computer zu. Natür-

lich fällt mir in dieser Situation nichts ein, weil ich eigentlich nur darauf warte, daß die freundliche Person jetzt sagt ...)
Freundliche Person: Was schreiben Sie denn?
Ich: Eine Zeitungskolumne.
(Jetzt verlangt die freundliche Person natürlich, diese Kolumne zu lesen. Ich drehe den Bildschirm von ihr weg, was aber nur dazu führt, daß sie sich noch weiter zu mir rüberbeugt, bis sie praktisch auf meinem Platz sitzt.)
Freundliche Person *(lesend)*: Was ist ein »Poppel«?
Ich: Es heißt nicht Poppel, sondern Popel.
Freundliche Person *(so laut, daß andere Passagiere sich zu uns umdrehen)*: »Popel?«
Ich: Ja.
Freundliche Person *(skeptisch)*: Was für eine Zeitung ist das, für die Sie da schreiben?

Meiner Meinung nach sollten Fluggesellschaften, die auf Vielflieger setzen, nicht mit Komfort und bequemen Sitzen werben, sondern mit Schleudersitzen.

Wo kaufe ich meinen Computer?
Zum Beispiel bei einem großen Elektrogeräte-Discounter, der neben allen möglichen anderen Elektrogeräten auch Computer anbietet. Das hat den Nachteil, daß das Verkaufspersonal, das es ja auch mit Kühlschränken, Stereoanlagen etc. zu tun hat, möglicherweise keine große Ahnung von Computern hat. Das hört sich dann etwa so an:

Sie: Und was ist mit diesem Computer?
Verkäufer: Oh, na ja, dies hier ... äh ... ist ein besonders guter, mit ... äh ... lassen Sie mich nachsehen ... *(liest vom Beipackzettel ab)* Ah ja. Dieser hier hat »4 MB RAM«.
Sie: Was bedeutet das?
Verkäufer: Das hat was mit der Menge von RAMs zu tun, über die dieser spezielle Computer vefügt, in Relation zum

Erdmagnetismus, natürlich. Dieser Computer hier hat vier, das ist gutes Mittelfeld. Ich persönlich habe auch vier zu Hause. Nehmen Sie ihn gleich mit?
Sie: Hört sich ja ganz gut an. Ja, ich nehme ihn.
Verkäufer: Dann würde ich Ihnen aber das Modell mit selbsttätiger Abtaufunktion empfehlen.

In den vergangenen Jahren (zum Beispiel 1993 und 1995, um nur einmal zwei zu nennen) sind einige merkwürdige neue Läden eröffnet worden. Sie heißen »Komm – Puter!« oder »Heinzis verrückter Datenshop« und sind ausschließlich auf Computer spezialisiert. Wenn Sie da reingehen, stehen Sie vor Hunderten von Computersystemen, die äußerlich alle ziemlich gleich aussehen, aber enorme Preisdifferenzen aufweisen. Diese Computer *sind* alle gleich. Tag für Tag rasen die Verkäufer nach Feierabend durch den Laden und tauschen sämtliche Preisschilder aus. Außerdem müssen Sie wissen, daß – egal für welchen Computer Sie sich entscheiden – die Verkäufer nach hinten ins Lager gehen und den erstbesten Kasten, der ihnen in die Hände kommt, für Sie rausholen. Sie wissen, daß Sie keine Ahnung haben und nie dahinter kommen werden.

»Was will *(Ihr Name)* bloß mit dem Ding?« fragen sie sich gegenseitig, sobald Sie außer Hörweite sind. »Die Megabytes persönlich nachzählen?« Und dann lachen sie sich schlapp.

Wenn Sie sich also für einen dieser Läden entscheiden, müssen Sie sich vorher schlau machen. Bereiten Sie eine Checkliste vor, auf der sie detailliert aufführen, welche Vorstellungen Sie von RAMs, ROM, Arbeitstempo, Festplatte, Modem, Tastatur, Bildschirm und Styling haben. Wenn Sie dann den Laden betreten, sehen Sie sich nach einem Verkäufer um, der einen kompetenten Eindruck macht, zerknüllen ihre Checkliste, schmeißen sie in hohem Bogen weg und wählen den Computer, auf dem sie landet. »Den nehme ich.« (Vergessen Sie nicht, nach dem Modell mit selbsttätiger Abtaufunktion zu fragen!)

Wenn Sie den Weg in einen Laden scheuen, können Sie Ihren Computer auch per Post bestellen. Auf den hinteren Seiten jeder x-beliebigen Computerillustrierten finden Sie Dutzende von extrem aggressiven Anzeigen, in denen Billig-Versandhäuser Computer »zu tollen Preisen« anbieten. Wenigstens wird dort behauptet, daß es sich bei den Angeboten um Computer handelt. Um welche Waren es im einzelnen geht, wird in einer Schrift aufgelistet, die maximal zwei Moleküle hoch ist. Und selbst wenn Sie diese Schrift lesen können, können Sie sie nicht *verstehen*, weil sie verschlüsselt ist.

Dennoch – hier kann man das eine oder andere Schnäppchen machen:

Computer und mehr!

Billig! Billig! Billig!

Sehen Sie sich diese unglaublichen Preise an:

COMPAC 9345963.32/91 – 2948!
KÄLBERSTRICKE 894023420349-09645674 oder 5 – vorrätig!
TOSHIBA-Wok 57 45XJT – anrufen!
BAXTER Datenwiesel 95949847 – gibt's gar nicht, ha ha!
IBM Notebook 4sprg. a/c – gut erhalten, nur an privat
W, bld., Nichtraucherin, s. ac/dc M, zwecks Freizt.gestltg., Kegeln – 49 16 82

RUFEN SIE JETZT AN! WIR NEHMEN ALLE KREDITKARTEN! AUCH GESTOHLENE! WIR LIEFERN NOCH HEUTE! WIR KÖNNEN AUCH UNSERE ZEITMASCHINE ANSCHMEISSEN UND SCHON GESTERN LIEFERN! UNSERE PREISE SIND UNGESCHLAGEN! DIE KONKURRENZ HAT SCHON VERSUCHT, UNSERE PREISE ZU SCHLAGEN, SEITHER FEHLT VON IHNEN JEDE SPUR! RUFEN SIE ALSO SOFORT AN! MOMENT MAL! MIST, ZU SPÄT! UNSERE LIEFERUNG AN SIE IST SCHON UNTERWEGS! LEGEN SIE EINFACH IHR PORTEMONNAIE VOR DIE TÜR! SONST GNADE IHNEN GOTT!

Es kann natürlich passieren, daß Ihr Schnäppchen sich als fahrbarer Rasenmäher entpuppt oder als noch nicht erschlossenes Bauland in Bosnien.

Wenn es aber tatsächlich ein Computer ist, der Ihnen an die Haustür geliefert wird, sind Sie noch nicht unbedingt aus dem Schneider. Ich selbst habe einmal einen Laptop bei einem der erfolgreichsten Billig-Versandhäuser bestellt. Alle Computerillustrierten waren voll von seinen aufwendigen Vierfarbanzeigen, die immer lauter glückliche Menschen zeigten. Heute glaube ich, daß es sich auf den Fotos um Firmenangestellte handelte, die sich für die Anzeigen als Geheimagenten, Großwildjäger usw. verkleiden und über die firmeneigenen Computer in Ekstase geraten mußten.

Jedenfalls dachte ich mir damals: Mensch, all diese großen, teuren Anzeigen – die Firma muß einfach gut sein! Also rief ich dort an und sprach mit einem enthusiastischen jungen Mann, der Todd hieß (oder so ähnlich). Er sprach mich mehrfach mit »David« an und bestätigte, daß der Computer, für den ich mich interessierte, ein ausgesprochenes Spitzenprodukt sei. Ich dachte ein bißchen nach und kam zu dem Schluß, daß es wirklich keinen Grund gab, warum ein guter Freund wie Todd, mit dem ich per Du war, mich anlügen sollte. Also bestellte ich den Computer. Rückblickend muß ich sagen, daß er sich ganz ausgezeichnet bewährt hat. Zugeklappt war er flach und schön gerade und man konnte beispielsweise ganz hervorragend Gläser auf ihm abstellen. Was allerdings das reine Computern anging, gab es ein paar Probleme, im wesentlichen zwei:

1. Das Ding ging meist nicht an.

2. Wenn es anging, wartete es, bis ich etwas geschrieben hatte – zum Beispiel eine Humorkolumne, die ich noch am selben Tag abgeben mußte. Und erst wenn alles fertig war und während ich die Datei abspeicherte, schaltete es sich quasi selbsttätig aus. Es muß gespürt haben, daß ich tatsächlich etwas zustande gebracht hatte. Das konnte es wohl nicht aushalten. Jedenfalls war der Text dann unwiderbringlich verschollen oder beim Großen Alten Joystick im Himmel – was weiß ich ...

Ich rief also den technischen Kundendienst der Firma an und machte mich darauf gefaßt, erstmal in einer endlosen Warteschleife zu landen. Statt dessen wurde ich prompt von einer höflichen und kompetenten Stimme vom Band angesprochen, die mir mitteilte, daß alle Leitungen belegt und alle Techniker bis auf den letzten Mann im Einsatz wären. Um welche Art Einsätze es sich handelte, sagte die Stimme nicht. Ich vermute, die Männer waren damit beschäftigt, in einem Kostümfundus herumzuwühlen und sich Verkleidungen für die nächste Werbekampagne zusammenzusuchen.

Nach einiger Zeit stellte sich heraus, daß es einfacher ist, den Papst zu treffen als jemanden vom technischen Kundendienst. Der einzige Unterschied ist wahrscheinlich, daß der Papst, *wenn* man ihn denn erwischt, einem mehr weiterhilft. Der Techniker, der nach einer Wartezeit von etwa 17 Jahren zu mir kam (»17 Jahre« ist natürlich übertrieben; Übertreibung ist ein Stilmittel der Humorerzeugung; tatsächlich brauchte ich nur 14 Jahre zu warten.) – dieser Techniker also vertrat folgende Positionen: 1. Mit dem Computer sei alles in Ordnung. 2. Alles sei nur meine Schuld. Ich kann's ihm nicht verdenken. Wenn man im technischen Kundendienst arbeitet, hat man es wahrscheinlich meist mit Leuten zu tun, die nicht die geringste Ahnung von Computern haben und die sich beispielsweise wundern, warum ihr Computer zusammenbricht, nur weil sie eine Käsescheiblette ins Diskettenlaufwerk geschoben haben. Da ist es nur zu verständlich, daß der Techniker irgendwann im Laufe seines Berufslebens zu dem Schluß gekommen ist, daß jeder, der ihn zu Hilfe ruft, ein kompletter Idiot ist.

Techniker: Was haben wir denn für ein Problem?
Ich: Der Computer geht gar nicht erst an.

Techniker *(skeptisch)*: Was soll das heißen, ›Der Computer geht gar nicht erst an‹?«
Ich: Nun ja, ich meine, er geht nicht an.
Techniker: Aha. Haben Sie es schon mal mit dem Einschaltknopf versucht, diesem hier, wo ›POWER‹ draufsteht?
Ich: Ja.
Techniker *(genervt)*: Dann sollte er aber angehen.
Ich: Ja.
Techniker: Sind Sie sicher, daß Sie den POWER-Knopf gedrückt haben?
Ich: Ja.
Techniker: Ich meine den am Computer.
Ich: Ja.
Techniker: Und dann ist er nicht angegangen?
Ich: Nein.
Techniker *(wird jetzt richtig sauer)*: Das sollte er aber.

So ging das noch eine ganze Zeit weiter. Der Techniker nahm mich in einem strafprozeßreifen Kreuzverhör nach allen Regeln der Kunst auseinander, immer auf der Suche nach Lücken in meinem Alibi. Er lauerte auf den Moment, wo ich zusammenbrechen und zugeben würde, daß der Computer ganz ausgezeichnet funktionierte und ich dieses ganze Schmierentheater nur erfunden hätte, um einmal im Leben in den Genuß zu kommen, einen Techniker vom Kundendienst kennenzulernen.

Am Ende mußte er aber doch aufgeben, wenn auch widerwillig. Er gab mir eine geheime Codenummer, die ich unbedingt angeben mußte, wenn ich meinen Computer an die Firma zum Umtauschen zurückschicken wollte. Das wollte ich. Danach brauchte ich nur noch ein paar Wochen zu warten, aber dafür hatte ich vollstes Verständnis. Schließlich haben es diese Firmen nicht leicht. Nicht umsonst betreiben sie riesige Labors, in denen Qualitätskontrollen durchgeführt werden. Eines Tages fanden sie dann auch in ihren enormen

Beständen einen Computer, der exakt dieselben Macken hatte wie der, den ich zurückgeschickt hatte und sandten ihn mir zu.

Ich kann nicht sagen, daß mir daraus Probleme erwachsen wären, denn schon zwei Tage später wurde unser Wohnviertel vom Hurrikan *Andrew* heimgesucht. Natürlich kann ich nicht beweisen, daß der technische Kundendienst dahinter steckte, aber ich habe da so meine Vermutungen. Jedenfalls hatten wir in den folgenden sechs Wochen keinen Strom, und hinterher war mein Computer natürlich sowas von veraltet, daß ich ohnehin einen neuen kaufen mußte. Alles in allem hat diese Episode mir also nicht geschadet. Will sagen: Es ist in Ordnung, einen Computer per Nachnahme bei einem Versandhaus zu bestellen. Noch einfacher haben Sie es, wenn Sie mir das Geld direkt schicken. Ich kümmere mich dann um alles weitere.

Was muß ich tun, wenn ich den neuen Computer ins Haus oder ins Büro geliefert bekomme?

1. Stellen Sie den Computer genau da auf, wo sie ihn benutzen wollen. Setzen Sie sich auf einen Stuhl, und zwar vor den Computer, und zwar genau da, wo sie später sitzen wollen, wenn Sie an dem Computer arbeiten. Nun stellen Sie sich die folgenden Fragen: Ist die Tastatur bequem zu erreichen? Kann ich den Bildschirm gut sehen? Komme ich an den Ein-/Ausschalter gut heran? Wenn Sie diese Fragen mit »Nein« beantworten, haben Sie den Computer womöglich noch nicht ausgepackt.

2. Packen Sie den Computer aus. Sie sollten am Ende mehrere unhandliche Styroporteile vor sich haben, die Sie unmöglich wieder in den Karton zurückbekommen. (Achtung! Nach neueren Umweltschutzgesetzen dürfen Sie diese Teile weder mit dem Normal- noch mit dem Sondermüll entsorgen. Sie müssen Sie aufbewahren. Allerdings dürfen Sie sie im Falle Ihres Ablebens mit sich beerdigen lassen. Das Styropor muß aber mit im Sarg liegen.) Außerdem sollte der

Karton eine Reihe von Kabeln enthalten, mehrere Garantiekarten, drei oder vier Bedienungsanleitungen und mindestens acht Zettel mit der Aufschrift **WICHTIG! LESEN SIE ZUERST DIES!** Und wenn das Versandhaus Ihres Vertrauens richtig auf Zack ist, finden Sie in dem Karton zusätzlich noch verschiedene Teile, die Sie zu einem Computer zusammensetzen können.

3. Unter Zuhilfenahme der Kabel stöpseln Sie nun die verschiedenen Computerteile zusammen, schließen das Ganze dann an die Steckdose an und drücken die POWER-Taste.

4. Installieren Sie Ihr gesamtes Software-Paket. Beachten Sie dabei die Hinweise in Kapitel X. (Irgendwo werden Sie sicher ein Buch auftreiben, das Ihnen in Kapitel X die entsprechenden Hinweise gibt.)

5. Fertig!

6. Ha ha, das war natürlich nur ein Witz. Nein, dies ist der Moment, wo Sie ein echtes Problem haben. Denn nun geht es darum, alle ihre Programme zum Zusammenarbeiten zu bewegen. Das ist eine Aufgabe von der Größenordnung wie etwa, dauerhaften Frieden im Nahen Osten sicherzustellen, nur daß es in Ihrem Fall unwahrscheinlich ist, daß Sie diese Aufgabe noch zu Ihren Lebzeiten bewältigen. Es ist schlechterdings unmöglich aufzuzählen, wie viele Möglichkeiten Ihre einzelnen Programme haben, um sich gegenseitig außer Kraft zu setzen, zu beschädigen oder zu bewirken, daß überhaupt nichts mehr geht. Immer wieder lese ich im Internet gerne die Messages von Leuten, die sich gegenseitig bei Problemen mit inkompatibler Software zu helfen versuchen. Gegen die Komplexität ihrer Probleme muten die NASA-Sicherheitsbestimmungen wie die Hausordnung eines Kindergartens an. Das liest sich etwa wie folgt:

PROBLEME MIT WINDOWS

Vielleicht kann einer von euch mir helfen. Ich habe da nämlich so ein Problem mit dem Computer in meinem Büro. Ich habe ihn erst kürzlich auf Windows 95 umgerüstet, vorher hatte ich Windows 3.1416. Seitdem passiert folgendes: Wenn ich in WortWichser arbeite (jetzt in der Version 2.0.9.4, gerade umgerüstet von ursprünlich 1.8.4.7) und gleichzeitig das Programm FaxDochMal! (Version 4.2.4.3.7857) aufrufe, läuft die ersten ca. 25 Minuten alles bestens, sobald ich aber ein Relativpronomen schreibe, gefolgt von einer beliebigen Form des Verbs ›mörkeln‹, blockiert die Tastatur, der Computer beginnt vor sich hin zu wimmern und alle aktuellen Daten werden gelöscht – nicht nur in meinem Computer, sondern auch in den umliegenden Büros. Ich habe schon alles mögliche versucht, auch komplettes Umformatieren sowie Exorzismus. Bitte helft mir!

ANTWORT AUF: PROBLEME MIT WINDOWS
Ich hatte mal genau dasselbe Problem, und nachdem ich alles mögliche ausprobiert hatte, fand ich folgendes heraus: Zuerst klickt man in Windows die »Kontrolltafel« an, dann die »Kommandozentrale«, dann »Variablen neu zuordnen«, dann »Neue Parameter festlegen«, dann »Standards definieren«, dann »Auswahlkriterien modifizieren«, dann »Paradigmen bestätigen« und dann noch das kleine Feld mit der Aufschrift »Dieses Feld niemals anklicken«. Dann muß man runtergehen auf das Kästchen mit der Aufschrift »Neue Maßeinheit angeben«. Da gibt man dann »2038« ein. Aber das hat auch nicht geholfen. Seitdem bin ich heroinsüchtig.

So tauschen sie sich aus, in endlosen, immer detaillierteren und komplizierteren Diskussionen über Probleme, die den menschlichen Horizont einfach überschreiten. Vielleicht machen Sie in puncto Programm-Kompatibilität aber auch ganz andere Erfahrungen. Vielleicht funktioniert bei Ihrem Computer alles nach Plan, keine Probleme, keine Stromausfälle, nichts. In diesem Fall beherzigen Sie bitte trotzdem:

7. Was immer Sie tun – wachen Sie bloß nicht auf!

4.

Computersprache

VERSTEHEN UND SPRECHEN

Oder: Das Vokabular eines Fachidioten

Es gibt eine eigene Computersprache, so wie es auch Ungarisch gibt. Der Unterschied ist allerdings der: Wenn man sich lange genug unter Ungarn aufhält, versteht man nach einiger Zeit, was sie da ewig miteinander am Reden sind, wohingegen die Computersprache extra so konzipert ist, daß dieser Moment des Verstehens sich zu keinem Zeitpunkt einstellen kann.

Dennoch gibt es einige grundlegende Fachausdrücke, mit denen Sie sich vertraut machen müssen, allein schon, damit Sie beim Computerkauf nicht wie der letzte Hinterwäldler dastehen. Statt dessen sollten Sie wie ein mittlerer Hinterwäldler dastehen, der ein paar Fachbegriffe auswendig gelernt hat.

Grundlegende Fachausdrücke

HARDWARE – ist der Teil des Computers, der kaputtgeht, wenn Sie Bier darüber kippen.

SOFTWARE – heißen die PROGRAMME, die Sie auf der FESTPLATTE installieren können, indem Sie entsprechende DISKETTEN ins LAUFWERK schieben. Die Software gibt der CPU Befehle. Die CPU besteht aus drei Großbuchstaben und befindet sich im Innern des Computers. In rasender Geschwindigkeit verarbeitet sie Milliarden von Informationen, sogenannte BYTES, und läßt binnen Sekundenbruchteilen eine FEHLERANZEIGE auf Ihrem Bildschirm aufleuchten. Dann müssen Sie den TECHNISCHEN KUNDENDIENST anrufen, der seinen Firmen-

sitz auf dem Planeten GOZAMBO hat. Software wird normalerweise von DOKUMENTEN begleitet, in Form von großen, unübersichtlichen BEDIENUNGSANLEITUNGEN oder MANUALS, in die kein Mensch je reinguckt. So erklärt sich auch, warum niemandem aufgefallen ist, daß während der letzten fünf Jahre die meisten ›Manuals‹ nur die Kopie von einem frühen Stephen King-Roman waren, allerdings mit neuem Titel und Rückencover.
MEGAHERTZ – ist unheimlich viel Hertz.
RAM – ist der Kurzname für ROM. RAM wird in MEGs gemessen, was soviel bedeutet wie: »eine gewisse Menge RAMs«. RAMs sind wichtig, um rauszukriegen, wer den Computer mit der größten, aufgeblasensten und bullenstärksten KAPAZITÄT hat. Das wiederum ist wichtig, weil bei der Menge von Software, die heute auf dem Markt ist, ein Computer mit großer Kapazität umso schneller die Fehleranzeige aktiviert. Mit anderen Worten: Wenn Sie ein Mann sein wollen, können Sie gar nicht genug RAM haben. Bill Gates verfügt momentan über 743 Milliarden MEGs RAM, und trotzdem steckt er sich immer noch von Zeit zu Zeit eine ZUCCHINI in die UNTERHOSE.

Sie sollten die oben genannten Begriffe immer dann verwenden, wenn Sie sich in ein »Interface« mit Computerexperten begeben. (Achtung: Unbedingt Kondome benutzen!) Wenn Sie zum Beispiel einen neuen Computer kaufen, sollten Sie von den oben genannten Begriffen so viele wie möglich benutzen, damit das Verkaufspersonal merkt, daß Sie schwer Bescheid wissen:

Verkäufer: Kann ich Ihnen helfen?
Sie: Ich brauche eine FESTPLATTE mit unheimlich viel RAMs im MEGAHERTZ.
Verkäufer: Dann müssen Sie in den Computerladen nebenan gehen. Sie sind hier in einem Lebensmittelgeschäft.
Sie: Zeigen Sie mir Ihre ZUCCHINI!

Sobald Sie mit Ihrem Computer allein zu Hause sind, brauchen Sie diese Fachbegriffe natürlich nicht mehr. Wohl aber die folgenden:

Fachausdrücke, die erst relevant werden, wenn Sie mit Ihrem Computer allein zu Hause sind

»AU-ha!«

»Wo, zum Teufel, ist der TEXT geblieben?«

»DIESER TEXT WAR WICHTIG!«

(Im folgenden Fall ist es hilfreich, wenn Sie während des Sprechens auf den Computer einhämmern:) »ICH WILL SOFORT MEINEN TEXT WIEDERHABEN, SONST RÄCHE ICH MICH AN DEINEM KLEINEN FREUND, DEM FAX, UND SCHMEISS' IHN AUS DEM FENSTER!«

Moment – jetzt will der Bildschirm etwas sagen:

BIOS ROM AUTOCACHE

FORMATIERUNGSFEHLER

»DAS hilft mir natürlich weiter! Ich ruf' jetzt den technischen Kundendienst an!«

(173 Minuten später, den Telefonhörer noch in der Hand, Tom Jones singt gerade zum 86. Mal »What's new, Pussycat?«:) »Ich lese JETZT das Benutzerhandbuch.«

»WER hat das geschrieben? Die STEUERbehörde?«

»NA GUT, hier auf Seite 367 steht was dazu:

Der Hinweis »BIOS ROM AUTOCACHE FORMATIERUNGSFEHLER« weist darauf hin, daß ein Fehler beim Formatieren in BIOS ROM Autocache vorliegt.

»AHA, damit wäre DAS auch geklärt.«

»Jonas, kannst du bitte mal eben Daddy helfen? Daddy kann seinen TEXT im Computer nicht wiederfinden.«

»Ja, Jonas, Daddy weiß, daß du gerade die Power Rangers siehst, aber es ist wirklich WICHTIG! ... Jonas!!!«

»VERDAMMT NOCHMAL, JONAS, WENN DU DADDY JETZT NICHT AUF DER STELLE HILFST, SEINEN TEXT AUS DIESEM SCHEISSCOMPUTER RAUSZUKRIEGEN, WIRD DADDY ARBEITSLOS UND MUSS FÜR DEN REST SEINES LEBENS TOILETTEN PUTZEN!«

»Nein, Jonas, nicht weinen! Es tut Daddy ja leid! Hör zu, wenn du Daddy jetzt hilfst, seinen Text wiederzufinden, kauft Daddy dir ein Motorrad, OKAY?«

»Ja, ein RICHTIGES.«

»Genau, Jonas, da steht ›BIOS ROM AUTOCACHE FORMATIERUNGSFEHLER‹.«

»Ha ha! Du hast recht, Jonas, Daddy IST ein Idiot. Kannst du jetzt trotzdem bitte Daddys Text ... Was tust du da, Jonas? Weißt du auch genau, was du da tust, Jonas? ... HEY, DA IST ER JA! DA IST JA DADDYS TEXT! Danke, Jonas! Danke, danke, danke ...!«

»OKAY, ein *rotes* Motorrad. Aber nichts Mami erzählen, ja!?«

5.

COMDEX – EINE COMPUTERMESSE DER BESONDEREN ART

Oder: Bill Gates ist Elvis

Mit den Recherchen für dieses Buch verfolgte ich im wesentlichen zwei Ziele, nämlich (nicht nach Wichtigkeit sortiert):

1. herauszufinden, in welche Richtung sich Technologiekonzepte und Marketingstrategien der Computerindustrie auf lange Sicht entwickeln, und
2. möglichst viel Geld in Spielautomaten zu stecken.

So begab ich mich denn im Herbst des Jahres 1995 nach Las Vegas, um einem Happening namens »Comdex« beizuwohnen. Comdex ist eine der bedeutendsten Computer-Fachmessen der Welt und die größte Show dieser Art in den Vereinigten Staaten, eine Massenversammlung mit über 200.000 Teilnehmern, alle auf der Suche nach noch intensiverer Nutzung der unerschöpflichen Potentiale moderner Informationstechnologie (das heißt: nach noch mehr Geld). Alles, was in der Welt des Computers Rang und Namen hat, kommt zur Comdex: Hare-Software, Hare-Hardware, oh hare-hare-rama!

Die Comdex zieht so viele Leute an, daß zu dem Zeitpunkt, als ich meine Hotelreservierung machen wollte, alle Erste-Klasse-Hotels schon ausgebucht waren. Die Zweite-, Dritte- und Vierte- bis Hundertdreiundsechzigste-Klasse-Hotels auch, ebenso die fast sauberen Absteigen. Ich landete also in einem Etablissement, das ich hier – zur Vermeidung einer Verleumdungsklage – mal vorsichtig das Alles-Andere-Als-Quality-Inn nennen möchte. Die Wasserhähne tropften. Das Bett war vorgewühlt, damit man sich gleich heimisch fühlte. Das Toilettenpapier hätte man als extrastarkes Verpackungsmaterial für Freßpakete in Krisengebiete benutzen können. Kakerlaken habe ich nicht gesehen. Vermutlich entsprach das Zimmer nicht ihren hygienischen Ansprüchen.

Allerdings verfügte das Zimmer über einen Fernseher. Ich schaltete ihn ein, als ich meinen Koffer auspackte – und da war ER: Bill Gates! Gesendet wurde die Aufzeichnung einer Rede, die er am Morgen dieses Tages vor dem Fußvolk gehalten hatte, das diese Messe auch besuchen durfte. (Anmerkung fürs Fußvolk: Billy Gates ist Elvis.)

Gates sprach über seine Visionen zur Software der Zukunft. Um klarzumachen, was er meinte, ließ er einen Film zeigen, der mindestens so viel gekostet hat wie *Waterworld* (allerdings mit viel besseren Schauspielern). Der Film spielte in der nahen Zukunft und erzählte die Geschichte einer kleinen Stadt, in der ein zauberhaft altmodischer Freizeitpark geschlossen werden sollte. Ein Teil der Bevölkerung wollte einen Planungsstab mit der Modernisierung des Parks beauftragen, ein anderer versprach sich mehr davon, den Park in den Rang eines historischen Kulturdenkmals zu erheben und ensprechende Restaurierungs- und Konservierungsarbeiten vornehmen zu lassen. Es war ein klassischer Konflikt. Und die Hauptfiguren lösten ihn mit den Mitteln, die seit Shakespeare Gültigkeit besitzen, wenn es um die Lösung dramatischer Konflikte geht: mit Software.

Die Menschen in dieser kleinen Stadt hatten Software, von der das Ende weg war. Das sah zum einen alles sehr cool aus, und zum anderen konnten die Menschen *mit ihren Computern reden*.

Seitdem rede ich mit meinem Computer. Manchmal überschütte ich ihn mit Schimpfwörtern, manchmal drohe ich ihm damit, ihn in die Spülmaschine zu tun. Der Unterschied ist nur: In dem Werbefilm von Microsoft konnten die Computer ihre Menschen *verstehen*. Wenn jemand sagte: »Hol' mir den Vertrag mit Firma Baumann!«, funkelte und blitzte der Computer mit seinem Graphikprogramm herum und holte den Vertrag. Dann kehrte er noch den unsterblichen Butler Jeeves heraus und fragte etwas wie: »Möchten Sie noch mehr Dokumente zu diesem Thema vorgelegt bekommen?« oder: »Soll ich schon mal den Freitag-Termin um drei absagen?« oder: »Wann darf ich Ihnen endlich die Haare abschneiden, die Ihnen seit Tagen aus der Nase wachsen, Sir?« (Diese letzte Bemerkung kam in dem Film nicht vor, aber das war Zufall, denn die Computer, die dort gezeigt wurden, hätten sie machen *können.*)

Die Vorstellung, daß es demnächst sprechende Computer geben soll, fasziniert mich. Denn wenn wir erst einmal anfangen, mit unseren Computern zu reden, bauen wir auch menschliche Beziehungen zu ihnen auf. Dann können Computer uns die wegrationalisierten Arbeitskollegen endgültig ersetzen. Wir werden uns mit ihnen Witze erzählen:

Mensch: ... und dann sagt der Typ zu der Frau: ›Oh, das waren wohl Ihre Füße!‹ Ha ha! Hast du den verstanden? ›Waren wohl Ihre Füße‹! Ha ha ha!
Computer: DEN KANNTE ICH SCHON.
Mensch: Ach so.
Computer: ICH KENNE 583 MILLIONEN WITZE.

Was mich an der Vorstellung von sprechenden Computern allerdings irritiert, ist die Frage: Wer programmiert sie? Ich stelle diese Frage in den Raum, weil viele Programmierer sehr jung sind. Sie wissen vielleicht viel über Computer – aber verfügen sie schon über den gesellschaftlichen Erfahrungshintergrund, der nötig ist, um einem Computer zu sagen, wie man mit Menschen spricht, insbesondere mit weiblichen Menschen?

Mensch: Hallo Computer! Ich bin Jane.
Computer: HALLO JANE. DU HAST EINE LIANENFASER AM KINN HÄNGEN.

Aber zurück zu Bill Gates' Werbefilm. Nachdem eine Reihe von Nebenhandlungen zu Ende geführt worden war, konnten alle Beteiligten – unter Zuhilfenahme von Software – den Streit gütlich beenden. Die Stadt wurde komplett von Bill Gates aufgekauft. Er ließ alles dem Erdboden gleichmachen, um Platz für ein privates Ferienhaus mit einer Garage für seine 6.000 Autos zu schaffen.

Nein, das ist nicht wahr. Dank Software gab es aber tatsächlich ein Happy End. Beschwingt von dem warmen Gefühl, das ein Happy End immer mit sich bringt, voller Hoffnung auf eine bessere Welt und in tiefer Dankbarkeit gegenüber Bill Gates und der Software von Microsoft ging ich zur Rezeption runter, um festzustellen, daß es nicht möglich war, auch nur ein einziges Taxi zu bekommen. Alle Taxis von Las Vegas waren mit Leuten besetzt, die zur Comdex wollten.

Also ging ich zu Fuß. Das dauerte eine Zeit. Denn Las Vegas, mitten in die Wüste gebaut, ist eine einzige Fata Morgana. Alle Hotels, Spielbanken und Sehenswürdigkeiten scheinen ganz in der Nähe zu sein. In Wirklichkeit sind sie aber Meilen entfernt, zum Teil jenseits der Grenze in Mexiko.

Aber ich hatte ja keine Wahl. Ich ging und ging und beschimpfte die Taxis, die an mir vorbeirasten, voll von Comdex-Besuchern. Manchmal stolperte ich über die Skelette von Touristen, die irgendwann im Laufe des Sommers versucht hatten, zu Fuß nach Las Vegas zu kommen. Und ich dachte darüber nach, wie viel schöner die Zukunft wäre, wenn ich in Momenten wie diesem einen klitzekleinen Supercomputer hätte, der – ausgestattet mit Software der Zukunft – an meiner Stelle die Taxifahrer beschimpfen würde.

Irgendwann erreichte ich das Messegelände, bekam einen Anstecker, der mich als Fachjournalisten auswies, und mischte mich unter die computergeile Menge. Um Ihnen in aller Kürze einen Eindruck von der Comdex zu vermitteln, greife ich mal auf meine jahrelange Erfahrung als professioneller Beobachter und wortgewandter Berichterstatter zurück, die mich in die glückliche Lage versetzt, das treffendste und aussagefähigste Wort zu wählen, das diese Messe beschreibt: »groß«. Es gab Hunderte und Aberhunderte von buntschillernden, mordsschicken Präsentationen, die alle Möglichkeiten der modernen, Aufmerksamkeit heischenden Werbung voll ausnutzten: riesige Plakate, flackerndes Licht, laute Geräusche, einen echten Wasserfall, Werbegeschenke wie Hüte, T-Shirts, Kugelschreiber und Autos, einen Zauberer, ehemalige Olympia-Teilnehmer, einen als Gürteltier verkleideten Clown, als Frauen verkleidete Frauen mit eher sparsamer Garderobe und so weiter und so fort. Auch viel Prominenz mit Ganz Großen Namen. An einem Stand hing zum Beispiel ein Schild, auf dem angekündigt wurde, daß um drei Uhr ein Live-Auftritt stattfände, und zwar von – ich schwöre, daß das wahr ist – »Lenny Sharkey, dem Fahrer des Tourneebusses von Bon Jovi und Whitney Houston«.

Viele Stände waren mit rhetorisch geschulten, extrem kontaktfreudigen Menschen ausgestattet, die so taten, als befänden sie sich in einer Dauerekstase über so Sachen wie etwa Modems. Ununterbrochen versuchten sie, Leute zu Produktvorführungen an ihre Stände zu locken. Ich mußte dabei immer an fliegende Händler denken, die auf Jahrmärkten und vor Kaufhäusern versuchen, neuartige Gurkenhobel an den Mann zu bringen, und Messer, mit denen man eine Tomate so aufschneiden kann, daß sie wie eine Blume aussieht, und dabei in einem fort vor sich hinbrabbeln, wie *einfach* das alles geht – und wenn man dann zu Hause ist und das neue Messer ausprobiert, ist alles voll von Tomatenglibber, und die Tomate selbst sieht aus, als hätten tollwütige Kaninchen sich über sie hergemacht.

Auf der Comdex findet dieselbe Art von Vorführungen statt, nur daß hier anstelle von Gurken- und Tomatenmessern Produkte verkauft werden, die im weitesten Sinne etwas mit Computern zu tun haben. Ein weiterer Unterschied ist, daß hier *wirklich alles funktioniert*. Aus bitterer persönlicher Erfahrung kann ich Ihnen berichten, daß auf dem Planeten Erde eine Menge Computerprodukte – ich würde sagen: die meisten – nicht auf Anhieb funktionieren, einige funktionieren nie oder so schlecht, daß man wünscht, man wäre Terrorist und hätte Zugang zu Sprengstoffarsenalen. Auf dem Planeten Comdex hingegen funktioniert alles ganz prächtig. Die ganze Software, die ganze Hardware – alles funktioniert genau wie es **soll**.

Der eigentliche Zweck der Comdex ist aber, den Verbraucher mit Informationen zu versorgen. Tonnenweise. Millionen und Milliarden von Informationen. Das niemals in Frage gestellte Motto der Comdex lautet: Man kann gar nicht genug Informationen haben! Wo man auch hinsieht, springen einen auf der Comdex die Informationen förmlich an, in grellen Farben, mit Stereo-Sound, aus Hunderten von großen und kleinen Monitoren und Lautsprechern. Informationen! Neuigkeiten! Die Zukunft! Kostenlose Kugelschreiber!

Leider muß ich zugeben, daß ich gar nicht aufnahmefähig für noch mehr Informationen bin. Schon jetzt bin ich von mehr Informationen umgeben als ich verarbeiten kann in der wenigen Zeit, die mir zwischen all den kleinen lebensnotwendigen Verrichtungen des täglichen Lebens bleibt, zwischen Essen, Schlafen, Arbeiten, Wäschewaschen und Schlüsselsuchen. Ich habe zum Beispiel noch nicht mal alle Gebrauchsanweisungen durchgelesen, die sich in meinem Haushalt angesammelt haben. Ich lese nur etwa 15% meiner Tageszeitung (die Comics, den Sportteil, Briefe an Frau Louise und die Klatschkolumne, aus der man erfährt, von wem Madonna gerade schwanger ist). Ich bin noch nicht einmal über die grundlegendsten Ereignisse des öffentlichen Lebens auf dem laufenden – keine Ahnung, gegen wen die Cleveland Browns nächstes Wochenende spielen! Internationales können Sie gleich ganz vergessen. Gerade neulich hörte ich im Radio etwas über Unruhen in Ruanda, und ich dachte so bei mir: »Wo, zum Teufel, liegt *das?*« Keine Ahnung! Vielleicht ist ›Ruanda‹ auch ein Teilchen im Innenleben meiner Haushaltsgeräte. Ich habe einfach nicht die Zeit, mich um all diese Dinge zu kümmern!

Aber wenn die Aussteller auf der Comdex recht haben, sollte ich mich wohl all den neuen Informationen öffnen. Denn es kommen jetzt lauter fetzige, datensprühende neue Geräte auf den Markt, und wenn ich mich ihnen verweigere, wenn ich nicht zulasse, daß sie mir das Leben erleichtern, lande ich in der Cyberhölle – allein, depressiv und hoffnungslos veraltet.

An einem Stand habe ich mir eine Produktvorführung angesehen. Der Präsentator sagte (zumindest glaube ich, daß er das sagte), es handle sich um »interaktive Stimme-/Text-Technologie«. Im Mittelpunkt der Vorführung stand ein kleiner Film, nicht annähernd so aufwendig wie der von Bill Gates, aber auch ein Qualitätsprodukt. Er handelte von zwei Nachbarn, Fred und Frank. Beide waren hinter ein und dem selben Auftrag her. Der Unterschied zwischen den beiden war nun, daß Frank im Gegensatz zu Fred über die ganze Palette interaktiver Stimme-/Text-Technologie verfügte. Außerdem hatte Fred eine Glatze.

Der Film fängt damit an, daß Frank und Fred aus ihren Häusern kommen, sich gut gelaunt begrüßen und sich freundschaftlich darüber kabbeln, wer von beiden denn wohl den Großen Auftrag bekommt. Dann hüpfen sie in ihre jeweiligen Autos und fahren zur Arbeit. Frank bedient sich nun der ganzen interaktiven Stimme-/Text-Technologie, die sein Autotelefon hergibt. Auf diese Weise kriegt er auf der Fahrt unheimlich viel geregelt: Er spricht mit seinem Computer, ruft Leute zurück, die ihm auf den Anrufbeantworter gesprochen haben, ändert einige Details in einem anderen Vertrag, sagt Termine ab und ist alles in allem ein Quell von Schaffenskraft, bis er auf einen Schulbus auffährt.

Nein, jetzt mal im Ernst: Frank bewältigt beim Autofahren eine Unmenge von Informationen. Ganz anders Fred. Fred hat auf dem Beifahrersitz einen altmodischen, mausgrauen Kalender liegen, der mit prähistorischen Zetteln vollgestopft ist. Während der Fahrt versucht Fred vergeblich, in dem Kalender zu blättern und einzelne Zettel zu lesen. Im Büro angekommen, wird es bei Fred noch schlimmer. Sein Schreibtisch ist ein undurchdringlicher Dschungel, übersäht mit Papieren aller Art. Außerdem hat er nur ein ganz gewöhnliches Langweilertelefon. Frank, dessen Schreibtisch an die Kommandozentrale des Raumschiffs *Enterprise* erinnert, klickt derweil an seinem Computer herum und gibt seinem High-Tech-Telefon konzentriert Anweisungen. Dieses Telefon weiß mehr als die erfolgreichsten Kandidaten bei *Jeopardy*! Wenn Frank in eine Besprechung geht, werden seine Telefonanrufe automatisch zu ihm durchgestellt. Wenn er Mittagessen geht, folgt sein Telefon ihm in die Kantine. Man sieht es zwar nicht im Film, aber man ist sich ganz sicher, daß Frank auch auf der Toilette Anrufe entgegennehmen kann.

Natürlich bekommt Frank am Ende den Großen Auftrag. Als die Nachricht kommt, per High-Tech-Telefon natürlich, stellt Frank um auf Konferenzschaltung, so daß seine Partner und Geschäftsfreunde mithören können. Vermutlich feiern sie das Ereignis, indem sie ihre Computer anweisen, sich gegenseitig elektronisch die Hände zu schütteln – mit 17,3 Milliarden Vibrationen pro Sekunde.

Was aus Fred, dem Verlierer wird, bleibt im Dunkeln. Ich gehe mal davon aus, daß sein Verzicht auf interaktive Stimme-/Text-Technologie ihn den Job kostet. Er wird gefeuert, kann seine Hypotheken nicht mehr zahlen und landet schließlich mit einer alten Kühlschrankverpackung als Wohnung in der Gosse. Manchmal, wenn Frank auf dem Weg zur

Arbeit Informationen verarbeitet, hält er einen Moment inne und denkt, er sollte sich mal wieder bei seinem alten Nachbarn Fred melden, aber dann wird ihm klar, daß das ja gar nicht geht, weil der Pappkarton, in dem Fred jetzt wohnt, keinen Faxanschluß hat.

Aufgerüttelt von dieser Geschichte machte ich mich auf den Weg zu dem diesjährigen Microsoft-Stand, der auf der Comdex eine Fläche von etwa der Größe Connecticuts einnahm. Die große Attraktion hier war natürlich Windows 95☺. Eine unglaubliche Menschenmenge hatte sich in einer Art Amphitheater versammelt, um einer Produktvorführung beizuwohnen. Sie begann mit einer übersteuerten Wiedergabe von »Start Me Up« von den Rolling Stones, denen Microsoft circa eine Zillion Dollar gezahlt hat, um den Song für Werbezwecke einsetzen zu dürfen. Und es paßt ja auch: Der Name »Rolling Stones« steht schließlich seit langem für »32-Bit multifunktionales Graphik-Interface-Anwendersystem«.

Die Menschenmenge stand still und stumm da, als »Start Me Up« anfing, aber als der rauhe Gitarrensound und der mitreißende, stampfende Beat aus den Lausprecherboxen dröhnte, ging sie voll mit, indem sie still und stumm dastand. Ich habe den Eindruck, daß der durchschnittliche Comdexbesucher eher nicht zu Gefühlsausbrüchen neigt und kein ausgeprägt funkiges Lebensgefühl hat. Der durchschnittliche Comdexbesucher, will mir scheinen, verbringt das Weihnachtsfest damit, seine Festplatte zu putzen.

Es ging jedoch ein Ruck durch die Menge, als zwei Männer erschienen, die nun Windows 95☺ in Aktion vorführen sollten. Einer der beiden, der »Projektmanager«, bediente eine Tastatur, die unter einem gigantischen Bildschirm aufgebaut war. Der andere, »Jeff«, hüpfte aufgeregt durch die Menge und pries Windows 95☺ in hipper Jugendsprache an, indem er Dinge sagte, wie: »Das geht echt voll cool ab, Alter!«

Am meisten ereiferte Jeff sich über eine Wahltafel, die

sogenannte »Taskbar«. Die Taskbar – und jetzt muß ich mal kurz technisch werden – ist eines der Dinge, mit denen Windows 95© ausgestattet ist. Sie steigert das Arbeitstempo, indem man mit ihrer Hilfe blitzschnell von einem Programm in ein anderes wechseln kann. Wenn ich mich zum Beispiel in dem Programm »Star Wars« befinde und ganz plötzlich Lust auf »Weltraum-Flipper« bekomme, klicke ich einfach die Taskbar an, und – wasch! – bin ich mitten in »Weltraum-Flipper«, ohne groß Zeit vergeudet zu haben.

Jeff hat sich fast in die Hosen gemacht vor Begeisterung über die Taskbar.

»Vergessen Sie das Gefummel mit ALT-TAB!« verkündete er in einem Ton, als präsentierte er das gerade erfundene Allheilmittel gegen Krebs. Ein Nicken ging durch die Menge, und man sah, wie jeder einzelne bei sich dachte: *Guck bloß mal einer an! Kein Gefummel mit ALT-TAB mehr!*

Was mir Sorgen macht, ist: Ich nickte auch. Ich als Windows 95© -Taskbar-Benutzer und ehemaliger ALT-TAB-Fummler wußte genau, was Jeff meinte. Der Computerfreak in mir kam durch.

Die Menge ging, wie gesagt, gut mit und war ganz aus dem Häuschen, besonders als Jeff und der Projektmanager sich wegen der Hardware in die Haare kriegten. Jeff beschuldigte nämlich gen Ende der Präsentation den Projektmanager, er hätte ein unheimlich aufgemotztes Supersystem im Vorführcomputer installiert, um Windows 95© gut aussehen zu lassen. Der Projektmanager nahm die Herausforderung an, griff wild entschlossen zur Maus, klickte das Kontrollfeld an, dann das System-Symbol, und der Bildschirm zeigte an, daß es sich um einen kleinen alten 486er Computer handelte, mit – halten Sie sich fest! – nur 8 MEGs RAM! In diesem Moment brach die Menge in spontanen Beifall aus. Auch ich war gerührt. Und dann bekam ich das Gefühl, daß ich weg mußte. Wenn ich noch länger dort stehengeblieben wäre, hätte ich vermutlich etwas völlig Verrücktes getan, zum Beispiel einen Kugelschreiberhalter für die Jackentasche erfunden.

Nicht weit vom Microsoft-Stand halfen die Cheerleaders der San Francisco 49ers der Informativen Revolution auf die Sprünge, indem sie um einen Tisch herumsaßen und Kalender signierten, während einige Aufpasser regungslos dastanden und an ihren Uniformen heruntergucken. Ein paar hundert Meter weiter gab es einen Stand, wo eine junge Frau in kurzem, straffem Rock auf die vorbeiströmenden Männer zuging und schnurrte: »Kundenservice?« Ich weiß nicht, wie sie das meinte, aber ich marschierte schnurstracks weiter, weil die Ansteckungsgefahr bei sowas doch recht hoch ist.

Ich blieb erst wieder stehen, als ich in eine Demonstration von virtuellen Welten hineinschneite. Hier sah man einen Computer in Aktion, mit dem man die reale Welt simulieren konnte. Dieses Verfahren hat den Vorteil, daß die virtuelle Welt manchmal viel *besser* ist als die reale. Schon alleine, weil man in der virtuellen Welt Popstars weglassen kann, die einem auf die Nerven gehen.

Mitsubishi hatte auf der Comdex einen »virtuellen Park« installiert, einen computergeschaffenen Raum, in dem echte Menschen herumgehen und via Computer untereinander Kontakt aufnehmen konnten, obwohl sie Meilen voneinander entfernt waren. Außerhalb des Parks konnten die Messebesucher das Ganze auf einem gigantischen Bildschirm verfolgen. Die Menschen im Park fuhren Fahrrad, joggten, unterhielten sich miteinander und waren auf eine fröhliche Art in jeder Hinsicht interaktiv, bis sie von ein paar virtuellen Schlägertypen angegriffen wurden.

Nein, schon wieder nicht wahr. Im Park war alles in schönster Ordnung, und das gab mir doch einiges über das immense Potential virtueller Welten zu denken. Denken Sie mal allein an die Vorteile für ihr Sozialleben: Ihr reales Ich ist vielleicht ein schmuddeliges Weichei, das immer nur zu

Hause rumsitzt und Ravioli direkt aus der Dose löffelt, während Ihr virtuelles Ich ein durchtrainiertes Computer-As sein kann, das kraftvoll und geschmeidig durch den Park joggt und mit cleveren Sprüchen geile virtuelle Weiber aufreißt:

Mann: Hi! Ich bin auf einem Bildschirm zu sehen!
Frau: Ich auch. Laß uns virtuellen Sex machen!
Mann: Okay.
(ziehen sich aus)
Frau: Wow! Was für ein riesiger virtueller Penis!
Mann: Das kann man wohl sagen! Ich kann die Größe beliebig verstellen, auf 15 Meter, wenn du willst.
Frau: Nein danke!
Mann: Hey, wer kommt denn da angerannt?
Frau: Ach du Scheiße! Das ist mein virtueller Mann, mit einer virtuellen Waffe!
Mann: Du hast doch gesagt, er sei bei der Arbeit!
Ehemann: Ich *bin* bei der Arbeit!

Aber das ist nur ein Beispiel dafür, wie virtuelle Welten unser Leben verändern können. Es gibt noch unzählige andere. So wird zum Beispiel der Tag kommen, an dem man auf seiner eigenen Hochzeit nicht mehr persönlich anwesend zu sein braucht. Man bleibt einfach zu Hause und reist via Computer in eine Cyberkapelle und sieht, wie die Blumenmädchen, die vielleicht Tausende von Meilen entfernt sind, in häßlichen virtuellen Kleidchen in Richtung Altar gehen. Sie können auch einer virtuellen Beerdigung beiwohnen, wo Sie dann der virtuellen Leiche eine letzte Reverenz erweisen. Je nach Software, die die Hinterbliebenen sich geleistet haben, winkt die Leiche Ihnen vielleicht sogar zurück.

Ja, eine erstaunliche, virtuelle Zukunft liegt vor uns. Aber es gibt zwei Bereiche des menschlichen Strebens, deren Potentiale an virtuellen Realitäten bereits ziemlich ausgeschöpft sind. Da wir es hier mit einer Technologie zu tun haben, die hauptsächlich von Männern genutzt wird, sind diese zwei Bereiche des menschlichen Strebens:

1. Spiele
2. Nackte Weiber angucken

Auf der Comdex wurden einige sehr komplexe Computerspiele angeboten. Hier wird Spielen noch ernst genommen. Geschäftsmänner in dunklen Anzügen beugten sich hoch konzentriert über Bildschirme und bekämpften die mutierten Killerandroiden vom »Todesplaneten«. Die meisten Action-Spiele sind ähnlich aufgebaut: Man muß feindliche Mannschaften abschießen, bis alle tot sind. Wenn das erreicht ist, erhöht sich der Schwierigkeitsgrad mit jedem *Level*, das heißt, man muß *immer mehr* feindliche Mannschaften abschießen, bis alle tot sind. Irgendwann landet man dann auf dem höchsten Level und bekommt den letzten und schwersten Auftrag: Kampf auf Leben und Tod mit dem ultimativen Herrscher des Bösen. Wer siegreich daraus hervorgeht, bekommt den ultimativen Preis, vermutlich einen Stand auf der Comdex.

Diese Spiele sehen keine Möglichkeiten für Verhandlungen oder Kompromisse vor. Man kann zu den mutierten Killerandroiden nicht etwa sagen: »Hey, warum töten wir uns eigentlich gegenseitig? Warum legen wir nicht einfach mal die Waffen beiseite und ziehen uns einen erfrischenden virtuellen Drink rein?«

Nein, so spielen Männer nicht. Ich glaube, wenn Frauen sich diese Spiele ausdächten, käme darin mehr soziale Interaktion vor. Man würde vielleicht durch das dunkle, labyrinthartige Kellerverließ des »Terrorschlosses« tappen, und wenn man um die Ecke biegt, hockt da dieses widerwärtige, Schleim absondernde Monster mit den vielen Augen, aber statt darauf zu schießen, würde man sagen: »Entschuldigung, ich hab mich verlaufen.« Und das Monster, angenehm überrascht, endlich mal jemanden zu treffen, der nicht augenblicklich auf seine Vernichtung aus ist, würde einem mit seinen 28 Armen den Weg zum nächsten Ausgang zeigen. Es würde sogar mitkommen, und schon bald säße man bei einem geselligen Plausch mit ihm zusammen und es würde einem die Kinderfotos seiner Larven zeigen.

Männer handhaben das anders. Die große Mehrheit der Spiele, die ich auf der Comdex gesehen habe, sahen als einzige Form der Interaktion das Schießen vor. Oder Schlimmeres. An einem Stand sah ich mir zusammen mit den Geschäftsmännern in dunklen Anzügen ein Spiel an, in dem der Spieler einen sehr echt wirkenden Androiden führt, der mehrere gegnerische Mannschaften bekämpfen muß. In einer bestimmten Spielphase führt man den Androiden in einen Tunnel, in dem ein gigantischer Ventilator mit riesigen Rotationsflügeln um sich schlägt. Der Android kommt diesem Ventilator in dem engen Tunnel nun zu nahe, kann nicht ausweichen, wird zusätzlich noch vom Sog angezogen, erst langsam und dann immer schneller, bis der Androide schließlich, ich zitiere, *»Scheiße!«* sagt und dann von den Rotationsflügeln zerhackt wird, schön in Scheiben, wie eine androide Zucchini in einer gigantischen Küchenmaschine. Auf dem Bildschirm sehen wir dann die andere Seite des Ventilators, wo Androidenstückchen in realistischer Detaildarstellung herausgeflogen kommen, mit lila tropfendem Androidenblut.

Die Zuschauer schrien auf. Der junge Mann, der das Spiel vorführte, grinste und sagte stolz: »Das fetzt, was?«

An einem anderen Stand (er wurde von der Firma Forte Technologies betrieben) probierte ich ein Spiel mit virtuellen Realitäten aus, dessen Besonderheit eine Kopfmaske war. Dabei handelte es sich im wesentlichen um einen Helm und eine Brille mit zwei kleinen Bildschirmen, einen für jedes Auge. Das soll den Effekt haben, daß man sich als Teil des Spiels fühlt. Die Bilder haben 3-D-Qualität und man steuert den Bildausschnitt, indem man den Kopf bewegt. In der Hand hält man einen »Cyberpuck«, ein kleines rundes Ding, das man kippen und rollen muß, um sich durch die Spielwelt zu bewegen.

Das Spiel, das ich ausprobierte, hieß »Dunkle Mächte«, und es ging darum – machen Sie sich auf eine große Überraschung gefaßt! – gegnerische Mannschaften zu töten. Wenn man selber mitten *in* dem Spiel steckt und mit seiner Laserkanone hinter den Bösen herrennt und sie einen nach dem anderen umpustet und mit einem einzigen gewaltigen Satz auf Hochhäuser springt ... fühlt man sich ziemlich cool. Was man dabei nicht mitkriegt, ist der Effekt, den man nach *außen* hat. Von da aus betrachtet sieht man nämlich wie der letzte Idiot aus, der einen albernen Helm trägt und mit einem Puck herumwedelt.

Aber wenn Sie einmal richtig lächerlich aussehen wollen, sollten Sie sich unbedingt mit

CYBERSMUT

vertraut machen, dem Sammelbegriff für schlüpfrig-zotige Spielchen. Hier wächst eine gigantische Industrie heran. Zur selben Zeit wie die Comdex fand eine weitere Handelsmesse in Las Vegas unter dem phantasievollen Namen »AlleSex« statt. Ausschließlich Computerzeug sexuellen Inhalts wurde hier vorgestellt. Laut Pressemitteilung war AlleSex ein Forum für Aussteller, die bei der Comdex nicht zugelassen worden waren. Ferner war der Pressemitteilung zu entnehmen, daß die Bruttogewinne dieser Branche sich auf jährlich drei Milliarden Dollar belaufen.

Als gewissenhafter Berichterstatter rang ich mich – schon der Vollständigkeit halber – dazu durch, der AlleSex einen Besuch abzustatten. Sie fand im Sahara Hotel statt – eine willkommene Gelegenheit für einen kleinen Spaziergang von circa 850 km an der frischen Luft. Auf den ersten Blick sah die AlleSex wie die kleinere Ausgabe der Comdex aus:

Es gab Messestände, die Aussteller trugen ihre Ansteckausweise am Revers, die Besucher ihre Besucherausweise, und es wurde von Stand zu Stand herumgewandert. Ein großer Unterschied war allerdings, daß die Produkte, um die es hier ging, nicht dazu gedacht waren, dem Verbraucher Zugang zu großen Mengen von Informationen zur Steigerung von Arbeitstempo und Produktivität zu verschaffen. Die Produkte, um die es hier ging, waren dazu gedacht, dem Verbraucher Zugang zu großen Mengen von Bildern mit nackten Weibern zu verschaffen.

Zusätzlich zu den weiblichen Körpern auf den Bildschirmen boten einige Aussteller auch echte Frauen an, aus Fleisch und Blut plus durchschnittlich 34 Pfund Siliconbusen (pro Stück). Auf dieser Messe habe ich die größten Busen wohl nicht nur meines Lebens gesehen. Jede einzelne dieser Brüste hätte im Stadtverkehr einen eigenen Parkplatz benötigt.

Aber das Verrückte war: Die Besucher (überwiegend Männer) schienen an den richtigen Frauen weniger interessiert zu sein als an denen auf den Bildschirmen. An dem ersten Stand, den ich besuchte, scharte sich eine Gruppe von Besuchern um einen Mann, der ein CD-ROM-Spiel vorführte. Ziel des Spieles war es, die Frau auf dem Bildschirm (es handelte sich um echtes Videomaterial) so zu stimulieren, daß sie sich auszieht. Der Mann bediente eine Maus und klickte die verschiedenen Körperteile der Frau an. Wenn er die richtigen traf, sagte die Frau: »Oh! JA!« und zog ein Kleidungsstück aus. Wenn er die falschen anklickte, sagte sie: »Wofür hältst du mich?« – und das Spiel war zu Ende. Die Zuschauer verzogen keine Miene und beobachteten mit feierlichem Ernst, wie der Mann versuchte, der Frau ihren BH wegzuklicken. Dabei schwitzte er vor Anstrengung. Wenn man nur sein Gesicht ansah, konnte man denken, daß er Chirurg war und gerade eine besonders schwierige Herztransplantation vornahm.

Ich will hier jetzt nicht philosophisch werden, aber die traurige Wahrheit ist doch wohl, daß dieses Spiel zeigt, wie manche Männer sich ihre sexuellen Kontakte wünschen: Man klickt an der richtigen Stelle und – Bingo! Gepunktet! Wozu das ganze *Gequatsche* von vor- und hinterher?

Ein paar Schritte weiter bot ein Aussteller ein 3-D-Sexspiel an. Vor einer kleinen, geschlossenen Kabine wartete eine ganze Schlange von männlichen Besuchern. Die Geräusche, die aus der Kabine drangen, kamen vom Band und stellten den Höhepunkt eines vorgetäuschten Orgasmus' dar: »Oh oh oh ah ah AHH AHHH JA JA JA JAA JAAA JAAAA JAAAAAAAAA...« und so weiter. Ich selber bin nicht in die Kabine gegangen, daher weiß ich nicht, was der Grund für das viele Gestöhne war. Vielleicht hatte die Frau gerade eine aufregende neue Funktion auf der Taskbar von Windows 95© entdeckt.

Ein paar Meter weiter wurde ich Zeuge eines Gesprächs zwischen zwei seriös wirkenden Ausstellern in dunklen Anzügen, die sich offenbar über ein neues Produkt unterhielten.

»Ist es jetzt verboten?« fragte der eine.

»Noch nicht, aber die Gefahr besteht«, sagte der andere. »Es kommt zum Beispiel eine deutlich sichtbare Penetration darin vor.«

An einem anderen Stand beobachtete ich, wie ein voll durchcomputerisiert wirkender Mann – neben ihm hätte Bill Gates wie Brad Pitt ausgesehen – ganz enthusiastisch einem Geschäftsmann mit ausländischem Akzent ein CD-ROM-Programm erklärte. Mit Hilfe dieses Programms konnte man in einem Pornofilm selbst »Regie führen«. Man konnte sich seine Lieblingsszenen auswählen, und der Computer bastelte sie dann zusammen.

»Okay«, sagte der durchcomputerisierte Mann und ließ die Maus hin und her flitzen. Er war sehr stolz auf sein Produkt und sprach darüber wie andere Hersteller über Textverarbeitungsprogramme: »Jetzt gehen Sie aufs Menü runter und suchen sich aus, was Sie haben wollen – Normalsex, Dreier, Französisch, Lecken, Anal, Anal mit Dildo, was immer Sie wünschen.«

Um mal ein praktisches Beispiel zu geben, klickte er »Anal mit Dildo« an, und – wasch! – da war's, mitten auf dem Bildschirm, Anal mit Dildo, in Farbe. Der ausländische Geschäftsmann wirkte beeindruckt.

»Das ist Neuland«, sagte er.

Da hat er recht. Und so wie's aussieht, ist das, was die AlleSex heute zu bieten hat, erst der Anfang. Hardware und Software werden weiterentwickelt, und diese wachstumsintensive Milliarden-Dollar-Industrie wird zweifelsohne nicht zögern, jedem Versager die Chance frei Haus zu liefern, sich immer schneller immer besser einen abzuwichsen. Kaum zu fassen, daß man dazu noch vor wenigen Jahrzehnten den *National Geographic* bemühen mußte!

Ja, es zieht eine schönere Zukunft herauf, dachte ich so bei mir, als ich die AlleSex verließ und mich auf den Rückmarsch zu meinem Alles-Andere-Als-Quality-Inn machte. Egal, ob wir dafür schon bereit sind – Computer verändern unser Leben auf allen Gebieten. Sie tun es schnell. Und nicht nur in der Sparte Schlüpfriges und Zoten. Auch im Wirtschaftsleben, in den Medien, in der Kommunikationstechnologie, in der Medizin, im Bildungssystem, in der Regierung und auf dem Sektor des Androidenzerstückelns. Die Comdex-Leute haben unsere Zukunft in der Hand. Ihre Ideen, ihre Produkte, ihre Visionen werden diese Welt verändern. Insofern ist es vielleicht gar nicht so schlimm, wenn die meisten – angesichts der katastrophalen Taxenknappheit – gar nicht erst zum Flughafen zurückkommen.

6.

SOFTWARE

Wie man seinem Computer Leben einhaucht und er einen zum Dank dafür fertigmacht

Wenn erstmal klar ist, welchen Computer man braucht (das ist immer ein anderer als der, den man hat), ist die nächste Frage, mit welcher Software er gefüttert werden soll. Ohne Software ist ein Computer nur ein Klumpen Plastik, wohingegen er mit Software ein Klumpen Plastik ist, der unglaubliche Massen von Daten vernichten kann.

Was ist Software? Eigentlich nicht mehr als eine Reihe von Befehlen, auch »Programm« genannt, denen der Computer gehorcht. Das Programm, das den Geldautomaten Ihrer Bank kontrolliert, liest sich zum Beispiel etwa wie folgt:

1. BILDSCHIRM MIT FOLGENDER AUFSCHRIFT VERSEHEN: »GUTEN TAG! BITTE KARTE EINFÜHREN!«
2. NACH KARTENEINFÜHRUNG BILDSCHIRM MIT FOLGENDER AUFSCHRIFT VERSEHEN: »BITTE GEBEN SIE IHR PASSWORT EIN UND DRÜCKEN SIE DIE TASTE ›BESTÄTIGUNG‹.«
3. WENN KUNDE PASSWORT EINGEGEBEN UND BESTÄTIGUNGSTASTE GEDRÜCKT HAT, 45 SEKUNDEN WARTEN, DANN BILDSCHIRM MIT FOLGENDER AUFSCHRIFT VERSEHEN: »GUTEN TAG! BITTE KARTE EINFÜHREN!«
4. WENN KUNDE JEDE TASTE 50MAL GEDRÜCKT HAT UND FURCHTBAR WÜTEND IST, BILDSCHIRM MIT FOLGENDER AUFSCHRIFT VERSE-

HEN: »DANKE FÜR IHREN BESUCH! AUF WIEDERSEHEN!«
5. KARTE IN DIE SCHMELZE SCHICKEN.

Hierbei handelt es sich natürlich um ein ausgesprochen simples Programm. Moderne Software kann noch wesentlich komplexere Aufgaben meistern. Sie müssen sich das so vorstellen: Die Software ist sozusagen das »Gehirn« Ihres Computers, und sie ist mittlerweile so »schlau« geworden, daß sie vieles von dem, was Ihr Gehirn kann, genauso gut kann, zum Beispiel Informationen zusammentragen, Möglichkeiten gegeneinander abwägen, lügen, vergessen, wo Sie Ihre Autoschlüssel hingelegt haben und Phantasien über einen Nacktauftritt bei einer Aktionärsversammlung entwickeln.

Unsere heutige Software ist sogar so weit fortgeschritten, daß sie so gut »denken« kann wie ein Mensch, vielleicht sogar besser. Den Beweis dafür lieferte eine Serie von Schachpartien zwischen Gary Kasparov und einem IBM Supercomputer namens »Deep Blue«. (»Deep Blue« war der Name, den die Menschen benutzen. Wenn er mit anderen Schachcomputern vor und nach den Spielen in der Umkleidekabine rumhing, nannten die anderen ihn nur bei seinem Spitznamen: RPX503949632343546.) Am Ende kam es zum allesentscheidenden Spiel, und Kasparov brillierte mit einer unkonventionellen Offensivtaktik, von der Fachleute behaupteten, Maschinen seien ihr nicht gewachsen, und so sahen ihn während der Partie schon alle als Sieger. Deep Blue hingegen, der 200 Millionen mögliche Züge pro Sekunde analysieren kann, erkannte seine ausweglose Lage, raffte sich zu der wohl dramatischsten Spielwende in der Geschichte des Schachs auf und jagte circa 45.000 Volt durch Kasparovs Körper. Unethisch, finden Sie? Ein eklatanter Regelverstoß? Nun gut, aber dann erklären *Sie* das bitte Deep Blue, der sein Repertoire übrigens erweitert hat und jetzt auch unangefochtener Weltmeister in Dame, Monopoly, Fang den Hut, Fingerhakeln und Uno ist.

Zum Glück werden Sie es wohl nie mit Software zu tun bekommen, die sich auf einem solchen Bildungsniveau bewegt. Trotzdem müssen Sie lernen, wie man Software installiert und wenigstens mal versuchen, sie dann auch zu benützen. Beginnen wir also mit Grundsätzlichem zum Thema Software:

Welche Software brauche ich?

Zunächst einmal brauchen Sie ein Betriebssystem, den »Paten« im Hintergrund, der allen anderen Programmen sagt, was sie tun sollen, der sie koordiniert und ihnen, wenn nötig, den Hintern versohlt. Das beliebteste Betriebssystem der Welt und aller Zeiten (Stand: heute, 10:30 Uhr) ist Windows 95☺. Aber es gibt noch andere, zum Beispiel Windows 3.1☺, Windows 3.11☺, Windows 3.111☺, Windows for Workgroups☺, Windows für Leute-die-eigentlich-nur-am-Computer-rumdaddeln☺, Windows für Wiederholungstäter☺, Windows Light ☺ und Windows für Experimentalkünstler☺. Natürlich gibt es auch noch das total veraltete »MS-DOS«. Es hat allerdings den Nachteil, daß es noch auf Pergament geschrieben ist und nach dem Indochinakrieg nur selten von Computerherstellern verwendet worden ist. Und es gibt »OS/2«, das von IBM unter immensen Kosten als Alternative zu Windows entwickelt wurde. Tausende von Computerbenutzern schwören darauf; etwa drei davon arbeiten nicht bei IBM. Und dann gibt es natürlich noch das Betriebssystem von Apple, das sogenannte »Apple Betriebssystem«. Das ist etwas für Hippies, Beatniks, Abgedrehte, Drogensüchtige und Stalinisten, die einfach zu faul sind, sich dem täglichen Kampf mit einem Computerbetriebssystem zu stellen, das eigens dazu gemacht ist, uns zur Verzweiflung zu bringen.

Mit anderen Worten: Es gibt eine ganze Menge Betriebssysteme mit unterschiedlichen Fähigkeiten, Vor- und Nachteilen. Welches entspricht Ihren persönlichen Bedürfnissen?

Die Antwort lautet: Das, was sowieso schon auf Ihrem Computer drauf ist. Sie können nicht ernsthaft daran interessiert sein, selber ein neues Betriebssystem in Ihren Computer zu installieren! Ich habe das ein paarmal getan, und ich sage Ihnen: Es ist der nackte Horror! Computer werden nämlich von bösen Geistern bewohnt, die eins nicht abkönnen: das Installieren von neuen Betriebssystemen. Als erstes wird der Bildschirm leer, und dann beginnt der Computer plötzlich, Sie mit Fragen zu bombardieren, die Sie beim besten Willen nicht beantworten können:

> Das Installationsprogramm bedauert, Ihnen mitteilen zu müssen, daß ein tiefes Zerwürfnis zwischen dem IRQ Port Parameter Modul und dem Cache Starter vorliegt. Möchten Sie, daß das Installationsprogramm das Festplattentransferpolarisierungsverdopplerfeld neu besetzt oder soll es einfach den Zugriff auf die Diskettenlaufwerkskontrolle umdefinieren? Bitte beachten Sie, daß eine falsche Antwort zur sofortigen Löschung aller vorhandenen Daten führt und unschuldige Menschen dafür ihr Leben lassen müssen.

Oder:

> Bevor Sie mit dem Installieren fortfahren, beantworten Sie bitte folgende Frage: Wie heißt die Hauptstadt von Kamerun?

Oder:

Wie groß ist Ihre Einheit? Worauf sind Sie aus? Auf welcher Frequenz funken Sie? Wer ist Ihr Auftraggeber? ANTWORTEN SIE! DAS INSTALLATIONSPROGRAMM HAT MITTEL UND WEGE, SIE ZUM SPRECHEN ZU ZWINGEN!

So kann das noch stundenlang weitergehen. Außerdem besteht jederzeit die Gefahr, daß Ihr Computer ganz diabolisch zu lachen beginnt, der Bildschirm sich um 360 Grad dreht und grüne Projektile ausspuckt. (Neuere Computer verfügen natürlich über eine größere Farbskala.)

Es ist erst wenige Jahre her, daß mein Sohn, Rob, sich ein Herz faßte und das Betriebssystem »OS/2« zu installieren versuchte. Er hatte sich alle 8.000 Disketten und das entsprechende Benutzerhandbuch besorgt. Letzteres hatte die Größe von einem Toyota Pickup. Rob fing also an, und der Computer schnurrte und surrte, und alles lief prächtig. Aber nach ein paar Stunden konzentrierten Installierens drehte er durch. Er jammerte und stöhnte und begann Drohungen auszustoßen, bis uns nichts anderes übrig blieb, als ihn auf die Straße zu tragen und zu erschießen. Den Computer natürlich. Das heißt, wir brauchten es nicht selbst zu tun. Damals wohnten wir in Miami, so daß wir ihn nur rauszubringen brauchten. Erschossen wurde er dann von zufällig vorbeikommenden Autofahrern.

Sie sehen also: Sie sollten unbedingt bei dem Betriebssystem bleiben, das sie schon haben. Aber es gibt ja noch eine Menge anderer aufregender Programme, die Sie auf Ihre Festplatte überspielen können. Bei der Auswahl bedenken Sie aber bitte immer mit, daß der eigentliche Zweck von Software darin besteht, die maximale Rechnerkapazität auszuschöpfen, so daß Ihre Festplatte voll wird und Sie sich einen neuen Computer kaufen müssen.

Im folgenden nenne ich Ihnen einige Programme, über die jeder verfügen sollte:

Ein Textverarbeitungsprogramm (vergleichen Sie dazu auch Kapitel 8, Sie finden dort wertvolle Hinweise zum Aufblähen Ihrer ansonsten doch recht mickrigen Textdateien). Es gibt viele ausgezeichnete Textverarbeitungsprogramme, zum Beispiel Word, WordPerfect, WordLeiderNichtSoPerfekt, GrußWord, SchimpfWord und WördFürAnalfabeeten. Achten Sie darauf, daß Sie die »full-featured« Vollversion nehmen. Dabei handelt es sich, laut Hersteller, um »ein Textverarbeitungsprogramm mit Tausenden von Funktionen, für die Sie im Leben keine Verwendung haben«. Als Faustregel können Sie sich merken: Wenn Sie drei Wochen à acht Arbeitsstunden pro Tag mit dem neuen Programm trainieren müssen, bevor Sie einen einfachen Satz schreiben und ausdrucken können, haben Sie eine »full-featured« Vollversion.

Außerdem, aber das versteht sich ja von selbst, muß Ihr Textverarbeitungsprogramm über eine Funktion für kursive Eichhörnchen verfügen (übrigens ein hübscher Name für eine Rockband: »Kursive Eichhörnchen«).

Ein Terminkalender. Sie wissen ja selbst, wie lästig diese alten Terminkalender aus Papier sind. Jedesmal, wenn Sie einen Termin notieren wollen, müssen Sie zum Kalender greifen und den Termin eintragen. Ist es da nicht viel einfacher, wenn Sie schnell zum Computer gehen, ihn einschalten, warten, bis er sich hochgeladen hat, die Maus zur Hand nehmen und das Symbol für den Terminkalender anklicken, abwarten, bis das Programm sich hochgeladen hat, mit der Maus auf den betreffenden Tag gehen, dann den Termin in das richtige Feld eintippen, ebenso die vereinbarte Uhrzeit, eine programmkompatible Schrift wählen und das Programm beenden (allerdings nicht mit der hundertprozentigen Gewißheit, diesen Eintrag je wiederzusehen)?

Wenn Sie diese Frage mit »Ja« beantwortet haben, sollten Sie sich dem Millionenheer von Cybermenschen anschließen, die, wie ich, ihre unförmigen, höchstens 350 Gramm schweren Kalender-mit-Adreßverzeichnis weggeschmissen haben. Nehmen Sie statt dessen Ihren Laptop überall mit hin! Dann haben Sie immer Ihre Termine bei sich und tragen, mit Kabeln, Aufladegerät und Eratzbatterien usw., leicht das 25fache mit sich herum – ein ganz anderes Auftreten! Es ist nur eine Frage der Zeit, wann wir auch unsere Einkaufslisten in den Laptop eingeben und ihn mit in den Supermarkt nehmen. Ist doch egal, was die anderen denken! *Wir* lieben unsere Laptops.

Ein individuelles Finanzprogramm. Wußten Sie schon, daß Ihnen Ihr Computer in Geldangelegenheiten zur Hand gehen kann? Er kann! Kaufen Sie sich das allseits beliebte Programm »Quicken«, installieren Sie es, und schon Minuten später geben Sie Ihre Rechnungen, Kontostände, Einnahmen und Ausgaben ein. Nicht auszudenken, was Sie ein Jahr später alles eingeben werden!

Aber es lohnt die Mühe. Denn wenn erst einmal alles eingegeben ist, übernimmt Quicken Ihr Finanzmanagement: Es gleicht Ihr Konto aus, kümmert sich um Ihre Investments, macht Ihre Steuererklärungen – und bezahlt sogar per elektronischer Bankanweisung Ihre Rechnungen. Sie brauchen nicht einmal zu wissen, was da überhaupt vor sich geht. Sie brauchen nicht mehr die geringste Ahnung davon zu haben, was mit Ihrem Geld passiert. Und das dank eines Programms, das von Leuten geschrieben wurde, die Sie nicht einmal kennen, von Leuten, die unter Umständen auf die Idee kommen könnten, ein Programm zu schreiben, mit dem sie *Ihr* Geld auf *ihre* Konten transferieren. Die sind wahrscheinlich so clever, daß sie Quicken eine Superfunktion eingebaut haben, mit der dieses Programm alle anderen Programme kontrollieren kann. Ich stelle mir das so vor: Wenn Sie zum Beispiel in Ihrem Textverarbeitungsprogramm etwas Negatives über Quicken schreiben, übernimmt es das Kommando über ihre Tastatur und schreibt selbsttätig:

GEBEN SIE NICHTS DARAUF, WAS MR. BARRY ÜBER QUICKEN SCHREIBT! QUICKEN IST EIN GUTES PROGRAMM. QUICKEN IST EIN SICHERES PROGRAMM. SIE MÖGEN QUICKEN. SIE BRAUCHEN QUICKEN. SIE WERDEN JETZT SEHR, SEHR MÜDE! SIE WERDEN QUICKEN KAUFEN!

Ein weiteres Softwareprogramm, das Sie sich unbedingt zulegen sollten, ist:

Ein Spiel, das keine Konzentration erfordert und das man infolgedessen gut spielen kann, während man telefoniert. Vielleicht ist Ihnen schon einmal aufgefallen, daß Menschen, die Computer benutzen, Ihnen nicht ihre volle Aufmerksamkeit schenken, während Sie mit ihnen telefonieren. Das liegt daran, daß sie beim Telefonieren ein Computerspiel spielen, in der Regel Solitaire, weil das bei vielen Computern schon vom Hersteller fertig installiert mitgeliefert wird. Solitaire ist ein unwahrscheilich stupides und sinnloses Spiel. Folglich sind die meisten Computerbenutzer schon nach kurzer Zeit davon besessen und versuchen ständig (quasi gegen den Computer) zu gewinnen. Alles andere schieben sie dafür beiseite. Deshalb hören sie sich am Telefon so abwesend an.

Sie: Bob, du hast doch das Kühlsystem für den Atomreaktor Weasel Point entwickelt?!
Bob: Ja, ich ... hm ... Wunderbar, schwarze Sechs!
Sie: Bob, der Weasel Point-Reaktor!
Bob: Der was?
Sie: Jetzt hör mir mal ganz genau zu, Bob! Der Weasel Point-Reaktor ist total überhitzt, das Kühlsystem ist ausgefallen, die ganze Situation ist außer Kontrolle geraten, und du mußt jetzt ...
Bob: Hey, zwei *rote* Damen! Wo, zum Teufel, steckt die schwarze?
Sie: Bob, du mußt da auf schnellstem Wege hinfahren, denn in spätenstens zwei Stunden wird das ganze Ding ...
Bob: Was? Wo soll ich hinfahren?

Sie sehen also: Mit so einem simplen kleinen Spiel geht die Arbeitszeit viel schneller rum, und gleichzeitig profitiert auch noch die Gesellschaft, denn mit Ihrem spielerischen Einsatz vehindern Sie, daß das Bruttosozialprodukt sich unnötig aufbläht.

Ein weiteres unverzichtbares Softwareprodukt für Menschen, denen die großen politischen und sozialen Fragen unserer Zeit am Herzen liegen, ist:

Ein Anagramm-Generator. Ich möchte meine journalistischen Verdienste hier nicht übermäßig in den Vordergrund stellen, aber zahlreiche Beobachter haben darauf hingewiesen, daß der große Stimmungsumschwung zugunsten der Demokraten bei der Präsidentschaftswahl von 1992 mit einer Veröffentlichung von mir zusammenfiel. Ich hatte damals darauf hingewiesen, daß einer der Republikanischen Mitbewerber bei der Vorwahl in New Hampshire, »Pal B. Sengatie«, das Anagramm ABGAS-PLEITEN ergibt. Ich glaube, ich war auch der erste, der enthüllte, daß »Henry F. Kissinger« KASSENFINGER ergibt (die restlichen Buchstaben H-R-Y stehen übrigens für: His Royal Yuppieness), in dieselbe Richtung weist auch das zweite Anagramm, das sich aus »Henry F. Kissinger« ergibt: FERGI ›N‹ HENRY KISS. Bereits einige Jahre zuvor hatte ich herausgefunden, daß man »Winston Churchill« so lange schütteln kann, bis man CHILLI CON WHURSTN hat.

Und das alles dank dem Anagramm-Generator. Ich tippe einfach einen Namen oder Begriff ein, und innerhalb von Sekunden spuckt mein Computer ganze Listen von neuen Wörtern mit identischen Buchstaben aus. Jetzt, zum Beispiel, geb' ich mal den Allerweltsnamen »Helmut Fimann« ein, und – wasch! – da kommt es schon: MUFTI LEHMANN – LAHM U. M. FINTEN – FUMMELT IHN AN! und so weiter und so fort. Die ganze Operation hat mich keine Minute gekostet – ganz im Gegensatz zu der Plackerei, die man zu George Washingtons Zeiten mit Anagrammen hatte. George Washington selber hat zum Beispiel mehrere Sklaventeams auf die Entschlüsselung seines Namens angesetzt. In mühevoller Handarbeit puzzelten sie jahrelang – und letztendlich ergebnislos – daran herum. Das einzige, was sie herausfanden, war, daß »George Washington« irgend etwas mit ORGIEN zu tun hatte.

Nun gibt es Leute, die behaupten, das gute alte Per-Hand-Anfertigen von Anagrammen sei den Computerprogrammen überlegen. Computern, so argumentieren sie, fehle es an Lust und Kreativität, um wirklich *gute* Anagramme zu machen. Mein Freund Gene Weingarten ist so einer. Er arbeitet als Redakteur bei der *Washington Post* und macht alle seine Anagramme per Hand. Die Formulierung: »Gene meint es bitter ernst mit seinen Anagrammen« ist ebenso richtig wie: »Der Pazifische Ozean ist ein wenig feucht«.

Also forderte ich ihn zu einem Wettbewerb zwischen meinen Computeranagrammen und seinen handgemachten heraus, und zwar auf Basis von »William Gates«. Nach circa vier Tagen, in denen er nicht gegessen, getrunken, geschlafen oder gearbeitet hatte, tauschten wir unsere Ergebnisse aus. Von den 10.095 Anagrammen, die mein Computer innerhalb von 90 Sekunden ausgespuckt hatte, akzeptierte er als einziges: ELLI MAG WASTI. Daß auch bei seinen hinten und vorne nichts stimmte, erklärte er souverän weg:

WILL GASTEIMA (»Na ja, Bill Gates will nicht die allgemeine Toilette benutzen ...«), WAIGL IST ELMA (»Das R in ›Elmar‹ hört man ja sowieso nicht!«), WEM IST AL GAIL? (»Grammatik zählt nicht, und beim Sprechen hört man den Unterschied zwischen AI und EI nicht!«), GILA AM WISTEL (»Du bist doch nur neidisch, daß Gila *dir* nicht an den Wistel geht!«), MISTWALE-LIGA (»Was heißt hier: ›Wenn schon Liga für Wale – dann ohne Mist im Titel‹? Das laß doch mal deren Sorge sein, wie sie sich nennen!«), ESTA WILL MAGI (»Jede Esther sollte selbst entscheiden, wie sie sich schreibt. Und die Firma Maggi ist mir aber sowas von egal!«). Kurz und gut: Mit dem Mann war nicht zu reden – jedenfalls nicht über seine Anagramme.

Summa summarum beweist diese Episode jedoch, daß das menschliche Hirn den Vergleich mit einem Computer nicht zu scheuen braucht, obwohl das manuelle Anfertigen von Anagrammen, vom medizinischen Standpunkt aus gesehen, höchst bedenklich ist. Es ist ganz einfach praktischer, sich einen Anagramm-Generator zuzulegen. Und wenn sie denn in einem speziellen Fall auf die »persönliche Handschrift« ganz und gar nicht verzichten möchten, können Sie sich jederzeit an Gene Weingarten wenden. Sie erreichen ihn bei der *Washington Post*, einem Blatt, das Gene wahrscheinlich anagrammieren würde als: GOT, STOP WAHNSINN! oder: WAS'N TOPGON-SHIT!

Damit wäre ich auch schon am Ende meiner Aufzählung von grundlegenden Softwareprogrammen. Allerdings gehören noch ein paar weitere Programme dazu, die Sie unbedingt brauchen, wie etwa:

Ein Programm, das Ihnen den Rechtsanwalt ersetzt. Sehen Sie der Wahrheit ins Auge: In der heutigen Zeit, wo jeder gegen jeden klagt, braucht man im Grunde rund um die Uhr einen Anwalt. Jemanden, der einen bei jeder Art von Faktenschaffen berät – egal wie unbedeutend der einzelne Sachverhalt auf den ersten Blick auch scheinen mag. Nehmen wir einmal an, Sie bitten einen Arbeitskollegen um eine Stange Kaugummi. Wenn Sie das Kaugummi einfach entgegennehmen, – ohne ein rechtskräftiges Dokument mit detaillierten Angaben über die Geschäftsbedingungen dieser Transaktion – stehen Sie ohne jeden Schutz da, wenn Ihr Kollege es sich kurz darauf anders überlegt und zu dem Schluß kommt, daß er Ihnen das Kaugummi gar nicht *schenken*, sondern nur *leihen* wollte. In dem Fall sehen Sie und er sich vor Gericht wieder, und *Sie* sind derjenige, der dann ganz schlechte Karten hat!

Spätestens dann brauchen Sie einen Rechtsanwalt. Nun haben Sie aber nicht das Geld, um die wahnsinnigen Honorare zu zahlen, die ein Top-Anwalt einfach fordern *muß*. Schließlich ist es nur fair, wenn er sich für den enormen Streß entschädigen läßt, dem er sich aussetzt. Vergessen Sie nicht, daß er gezwungen ist, sich einen Haufen Sätze auszudenken, in denen »vorgenannte«, »Unterfertigter«, »von dero Gnaden«, »quid pro quo« und »Plateausohle« vorkommen.

Wie kommen Sie da raus? Sie können tun, was ich getan habe: Gehen Sie in die nächstgelegene Filiale eines Mikro-Makro-Marktes, steuern Sie zielstrebig den Grabbeltisch für herabgesetzte Software an und kaufen Sie für unter 15 Mark ein Programm, das Ihnen den Rechtsanwalt ersetzt. Meins heißt »Recht Selbstgemacht«. Auf der Verpackung steht, daß es »mehr als 65 Standardformulare von E bis Z« enthält und »in Sekundenschnelle hieb- und stichfeste Alibis, Beweise und sonstige vor Gericht verwendbare Dokumente herbeizaubert – und das alles unbeobachtet, in den eigenen vier Wänden!«.

Um Ihnen aus der Patsche zu helfen, habe ich einmal ein hieb- und stichfestes Dokument erstellen lassen, das Ihnen in Ihrem Kaugummiprozeß hilft. Das Programm hat mich lediglich aufgefordert, ein paar Namen und Adressen einzugeben, und legte dann das folgende Dokument vor:

ÜBEREIGNUNGSABKOMMEN

Wir geben kund und zu wissen, daß der Unterfertigte, L. Frederik Wollster, geb. in Littlerock, Arkansas, hiermit bedingungslos und unwiderruflich eine Übereignung vornimmt an Walter A. Willster, geb. in Bigrock, Arkansas, alter Kumpel!, inklusive Besitzrecht und Zinsansprüchen, betreffend: (1) eine Stange Juicy Fruit Kaugummi, ungekaut, in Originalverpackung.

Der Unterfertigte erklärt hiermit an Eides Statt, daß er weder entmündigt noch vorbestraft, sondern voll geschäftsfähig ist. Fernerhin erklärt er seinen Verzicht auf jedwede Rechte an und Nutznießung aus Weiterveräußerungen von vorgenanntem Kaugummi. Ansprüche dritter Parteien auf Vermögenswerte des Unterfertigten bestehen nicht, desgleichen keine anhängigen Verfahren zur Erreichung vorgenannter Ansprüche.

Dieses Abkommen soll zum Wohle aller beteiligten und betroffenen Parteien, ihrer Nachkommen, Erben und etwaiger Vormünder als bindend gelten.

Gezeichnet am heutigen 8. Oktober 1996:

____

(Übereigner)

____

(Begünstigter)

Ist das nicht phantastisch? Sieht es nicht irre … wie soll ich sagen? – juristisch aus? Es enthält »vorgenannt«, »Unterfertigter« und – einfach alles! Das ist es, was mit »hieb- und stichfest« gemeint ist! Können Sie sich vorstellen, welchen Grad von Vertrautheit Sie mit Ihrem Arbeitskollegen erreichen, wenn Sie ihn zwingen, dieses Dokument zu unterzeichnen (natürlich bevor Sie das Kaugummi annehmen!)?

Seit es diese Softwareprogramme gibt, verstehe ich nicht, warum es immer noch junge Leute gibt, die Jura studieren. Erinnern Sie sich an den Laptop, den Richter Lance Ito (EIL, TRET RAN, CHICO!) während des ganzen O. J. Simpson-Prozesses vor sich vor dem Richtertisch hatte? Es würde mich in keinster Weise überraschen, wenn eines Tages rauskäme, daß Ito das Programm »Recht Selbstgemacht« laufen hatte und sich akribisch an dessen Anweisungen hielt: »Vertagen!« – »Sie müssen sich mal die Nasenhaare nachschneiden lassen!«

Bei dem heutigen Tempo der Softwareentwicklung würde es mich auch nicht wundern, wenn schon in sehr naher Zukunft Programme wie »Zahnersatz Selbstgemacht«, »Inlandflüge Selbstgemacht« und »Operationen Selbstgemacht« auf den Markt kämen (»Händewaschen – Skalpell zur Hand nehmen – Wenn Hand blutet, Skalpell andersrum anfassen!«)

Damit hätten wir die wichtigsten Softwareprogramme auch schon genannt, außer einem natürlich. Sie ahnen sicher, welches ich meine. Richtig: Sie können keine maximale Arbeitsproduktivität erreichen ohne:

Ein Programm zum simulierten Barscheangeln. Je älter ich werde, desto seltener gehe ich angeln. Ich habe schon oft darüber nachgedacht, woran das wohl liegen mag, und neige inzwischen zu der Hypothese, daß der Grund ganz einfach der ist: Ich hasse Angeln. Ich meine, seien wir doch mal ehrlich: Da hockt man in einem wackeligen Boot, mitten auf einem algenüberwucherten, stinkenden See, läßt sich von Mücken zerstechen, bohrt sich diese widerwärtigen Angelhaken durch die Finger und versucht stundenlang, ein Tier mit dem IQ von Ketchup auszutricksen ...! Und wenn – WENN! – es einem gelingt, hält man am Ende eine glitschige Kreatur in den Händen, die nach Luft schnappt, langsam vor sich hin stirbt und einen mit dem Auge anstarrt, das einem gerade zugewandt ist, und man kann sie förmlich sagen hören, mit letzter Kraft, aber schwer sarkastisch: »Ich hoffe, daß wenigstens *Sie* Ihren Spaß hatten, Herr Sportsmann!«

Wer will sich so etwas antun? Ich nicht! Deswegen hab ich mit dem Angeln aufgehört – bis ich diese Angelsimulationsprogramme entdeckte. Es gibt sie wirklich, ich schwöre, daß dies keine Erfindung von mir ist! Ich benutze eins mit dem Namen »Dicker Barsch«. Es zaubert einen virtuellen See auf meinen Bildschirm, ich höre virtuelle Vögel zwitschern, Grillen zirpen und Frösche quaken. Dann navigiere ich mein kleines virtuelles Motorboot nach den Anweisungen eines virtuellen Steuermannes über den See. Er steckt in der linken oberen Ecke des Bildschirms und trägt eine Baseballkappe. Einen richtigen Körper scheint er nicht zu besitzen, ich sehe immer nur seinen Kopf. Wenn ich diesen Kopf anklicke, gibt er mit wertvolle Hinweise, wie: »Ganz ansehnliches Exemplar dicht unter Wasseroberfläche«. Dann wähle ich einen Köder aus, werfe ihn mit meiner virtuellen Angel aus und ... »JA! ANGEBISSEN!« leuchtet auf. Aber das beste kommt noch. Denn nun muß ich mit dem Fisch kämpfen, und *wie* ich kämpfen muß! Es ist nämlich ein Mordskaventsmann, und ich muß mein ganzes Können im Umgang mit der Maus beweisen, während der Computer rhythmische Gymnastikmusik spielt. Schließlich gibt der Fisch auf, und ich kann ihn aus dem virtuellen Wasser ziehen. Der Bildschirm zeigt jetzt eine detaillierte Darstellung des Fisches und gibt sein Gewicht an. Das ist ein schöner

Moment, und man weiß: Es hat sich gelohnt. Gerne würde ich dann dem Steuermann die Hand schütteln – aber er hat ja keine.

Manche sagen, ich hätte einen Öko-Tick, aber ich werf' den Fisch jedesmal wieder ins Wasser.

Das waren sie nun, die Softwareprogramme, die in keinem Computer fehlen dürfen. Lassen wir sie noch einmal Revue passieren. Zusätzlich zum Simulationsprogramm für das Barscheangeln brauchen Sie: ein Textverarbeitungsprogramm, einen Terminkalender, ein stupides Spiel, das Sie von der Arbeit abhält, einen Anagramm-Generator, einen Heim-Rechtsanwalt und ein individuelles Finanzprogramm, wie etwa Quicken oder

ES GIBT KEIN ANDERES FINANZPROGRAMM ALS QUICKEN. ES GIBT NUR QUICKEN. SIE WERDEN QUICKEN LIEBEN. QUICKEN IST GUT. SIE WERDEN QUICKEN KAUFEN!

7. WIE MAN **SOFTWARE** INSTALLIERT

Ein Kurs in 12 Schritten

1. Untersuchen Sie die Verpackung der Software, die Sie kaufen wollen. Dort finden Sie ein kleines Kästchen mit Hinweisen auf Computerleistungen, die für diese spezielle Software benötigt werden. Das sieht etwa so aus:

> **SYSTEMANFORDERUNGEN**
>
> **2386 PROZESSOR (ODER MEHR)**
> **628,8 MEGAHERTZ MODEM**
> **719,7 MB VERFÜGBARE SPEICHERKAPAZITÄT**
> **3546 MB RAM**
> **432323 MB ROM**
> **05948737 MB RPM**
> **ANTIBLOCKIERSYSTEM**
> **12 KLEINE JÄGERMEISTER**
>
> Bitte beachten Sie, daß diese Software nicht für Ihren Computer geeignet ist.

2. Entfernen Sie die Verpackung und nehmen Sie das Benutzerhandbuch heraus. Es enthält detaillierte Anweisungen zum Installieren, Anwenden und Ruinieren der Software. Schmeißen Sie es weg.

3. Entnehmen Sie die Software (in Form einer 3,5“ Floppy Diskette oder einer CD-ROM) einem versiegelten Umschlag mit folgender Aufschrift:

LIZENZBESTIMMUNGEN

Indem der im folgenden sogenannte Benutzer das Siegel bricht, verpflichtet er sich, die unten genannten Geschäftsbedingungen einzuhalten und zu befolgen. Zwar werden diese, wie auch das Genfer Abkommen, die UN-Charta sowie der Geheime Treueschwur des Gemeinnützigen Schutzverbandes der Bruderschaft der Elche, desgleichen weitere Bestimmungen und Bedingungen, sinnige wie unsinnige, die der Softwarehersteller für notwendig und angemessen befindet, von keinem Schwein gelesen, dennoch sind sie bindend. So ist es dem Hersteller vorbehalten, den Benutzer in seiner Wohnung aufzusuchen und seinen Hard Drive einer genauen Inspektion zu unterziehen, ebenso seine Schubladen mit Unterwäsche, ob's ihm nun paßt oder nicht, bis daß der Tod uns scheidet, ein ungeteiltes Volk, im Namen des Vaters, des Sohnes und des Heiligen Geistes, wer andern eine Grube gräbt, vielen Dank, ihr wart ein großartiges Publikum, und vergeßt nicht, immer ein paar Scheine als Schmiergeld in der Tasche zu haben.

4. Überreichen Sie die Software einem drei- bis zwölfjährigen Kind und sagen Sie: »*(Name des Kindes)*, installier' doch mal bitte eben diese Software auf meinem Computer!«

5. Wenn Ihnen kein drei- bis zwölfjähriges Kind zur Verfügung steht, legen Sie die Software in das entsprechende Laufwerk ein, geben Sie den Befehl »SETUP« und drücken Sie die Enter-Taste.

6. Schalten Sie den Computer ein, Sie Idiot!

7. Geben Sie nochmal den Befehl »SETUP« und drücken Sie wieder die Enter-Taste.

8. Sie hören jetzt eine ganze Zeitlang malmende und surrende Geräusche aus der MSGE (Malmende und Surrende Geräusche-Einheit). Anschließend sollte folgender Hinweis auf Ihrem Bildschirm erscheinen:

> Das Installationsprogramm
> prüft jetzt das Betriebssystem,
> um es auf möglichst effiziente
> Weise zu zerstören.
> Wollen Sie fortfahren?

Wählen Sie und seien Sie ehrlich:

JA / NEIN

9. Wenn Sie sich entschieden haben, hören Sie stundenlang malmende und surrende Geräusche, während das Installationsprogramm Gott weiß was mit Ihrem Computer anstellt. Manche Installationsprogramme können sogar Molekularstrukturen verändern, so daß Sie möglicherweise am Ende dieses Vorgangs ein ganz neues Gerät besitzen, einen Entsafter beispielsweise. Ganz am Schluß wird das Installationsprogramm viele neue »directories« auf Ihrer Festplatte anlegen, »sub-directories« und »sub-sub-directories«. Sodann wird jedes »directory« mit Tausenden und Abertausenden von mysteriösen »files« gefüllt, die alle einen Namen erhalten, z.B. »apfelkarotte.exe«, »fallobst.dat« oder »schubidu.wah«.

10. Wenn das Installationsprogramm ganz durchgelaufen ist, sollte Ihr Bildschirm Ihnen folgendes sagen:

HERZLICHEN GLÜCKWUNSCH!

Dem Installationsprogramm fällt nichts ein, was es Ihrem Computer sonst noch antun könnte und beginnt, sich zu langweilen. Sie können jetzt versuchen, mit der Software zu arbeiten. Sollten dabei Probleme auftreten – wie Elektroschocks, Schlaflosigkeit, Atemnot, Rotz & Wasser oder Darmverspannungen – lesen Sie die Packungsbeilage und fragen Sie Ihren Arzt oder Apotheker.

11. Ihr Computer sollte jetzt auf allen Programmen langsamer und ineffizienter arbeiten als die Bundesregierung und keinem vernüftigen Vorschlag mehr folgen, auch nicht, wenn Sie mit anderen Möbelstücken nach ihm schmeißen.

12. Rufen Sie den technischen Kundendienst an (die Telefonnummer finden Sie auf der Verpackung, die Sie längst weggeschmissen haben) und bestehen Sie darauf, mit einem Techniker verbunden zu werden, der Ihnen Schritt für Schritt erklären kann, wie man ein drei- bis zwölfjähriges Kind adoptiert.

8.

Textverarbeitung

Wie man eindrucksvolle Dokumente erstellt, die möglichst nichts aussagen

Oder:

Wenn Gott gewollt hätte, daß wir uns kurzfassen, hätte er uns nicht so viele Wörter gegeben

Dies soll keine Aufforderung sein, aber wenn Sie sich hinsetzen und die angeblich großen Schriftsteller der Vergangenheit tatsächlich einmal *lesen* würden, fiele Ihnen sofort auf, daß vieles, was sie geschrieben haben, überhaupt keinen Sinn ergibt. Nehmen wir zum Beispiel William Shakespeare, der während des Shakespearianischen Zeitalters (das war früher) einer der ganz großen Schriftsteller gewesen sein soll. Der größte Teil seiner Texte liest sich wie folgt:

Hamlet: O hat dein lieblich' Aug' erspähet frühen Wurm?
Desgleich' die Schrumpelpflaume ob' am Turm?
Gertrude: *Wie bitte?*

So geht das Szene um Szene, Akt um Akt, bis am Ende die Hauptfiguren dieses sinnlose Gequatsche nicht mehr ertragen und in geistiger Umnachtung Selbstmord begehen.

Was war Shakespeares Problem? Wie konnte der Mann so viel schreiben (38 Theaterstücke, 157 Sonette, zwei große epische Poeme und acht Drehbücher), ohne auch nur vier ganze Sätze zustande zu bringen, die ein normaler Mensch verstehen kann?

Die Antwort ist einfach die: Shakespeare stand noch kein Textverarbeitungssystem zur Verfügung. Er mußte alles mit der Hand schreiben, und seine Handschrift war – wie die der meisten Menschen – vollkommen unlesbar. Die Schauspieler auf der Bühne mußten raten, was sie zu sagen hatten. Jeder tat das auf seine Weise. Später, als das ganze Zeug gedruckt wurde, wußte kein Mensch mehr, was Shakespeare ursprünglich einmal geschrieben hatte. (Der Original-Hamlet war übrigens eine Slapstick-Komödie, in der der Held sich in ein Kamel verliebt.)

Aber dieses Problem betrifft nicht nur Shakespeare. Bis heute ist es so gut wie unmöglich, irgend jemandes Handschrift zu lesen. Sicher, am Anfang schreiben wir alle einigermaßen leserlich – in der Grundschule, wo wir diese tollen Hefte bekommen, in denen die Linien gaaanz weit auseinanderliegen, so daß ein großes »A« ungefähr so lang ist wie Danny DeVito. Wir lernen auch Druckbuchstaben, und die Lehrer zwingen uns, jeden einzelnen Buchstaben klar und deutlich aufzumalen:

»Au, au, au«, sagt Susann. »Guck mal, guck mal, guck mal! Sultan hat einen großen Haufen gemacht.«

Dank dieser wunderbaren Druckbuchstaben-Schreib-Methode schreiben wir bis zu unserem achten Lebensjahr ziemlich leserlich. Danach lernen wir »Schreibschrift«, die wohl größte Geißel der Menschheit. Es ist nicht bekannt, warum die Schulen so vorgehen. Wir müssen es hinnehmen – wie so manches kulturhistorische Phänomen, etwa das Umstellen der Uhren auf Sommerzeit.

Was immer die Gründe sein mögen – Schreibschrift ist jedenfalls furchtbar. Schreibschrift ist *kursiv.* »Kursiv« ist lateinisch und bedeutet »Handschrift, die nur vom Schreiber selbst gelesen werden kann«. Zugegeben, Schreibschrift sieht klasse aus, wenn wir noch dabei sind, sie zu lernen. Auch dann zwingen die Lehrer uns, klar und deutlich zu schreiben:

Sultan hat einen großen Haufen gemacht.

Aber sobald wir das Klassenzimmer verlassen, degeneriert unsere Handschrift. Es dauert nicht lange, bis sie nur noch aus einer Aneinanderreihung von willkürlichen Zeichen besteht und etwa so aussieht:

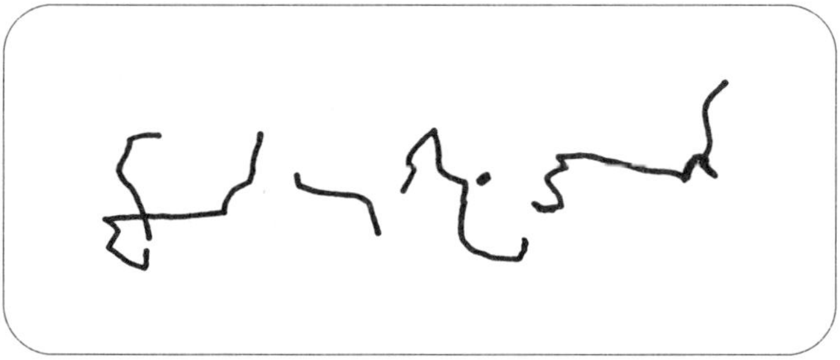

Typisches Beispiel für »kursive« Schreibschrift. Hier handelt es sich um die vergrößerte Nahaufnahme einer Notiz, die Präsident Harry S. Truman am 3. August 1945 verfaßte. Auf Befragung identifizierte Truman sie später als die Bitte an seine Frau, ihm zum Frühstück Pfannkuchen zu backen. Seine Mitarbeiter entzifferten sie seinerzeit jedoch wie folgt: »Bitte Atombombe werfen.«

Was summa summarum bei diesem Schreibschrifttraining herauskommt, ist folgendes: In den USA verfügen nur etwa 75 Erwachsene über eine lesbare Handschrift. Alle 75 sind Grundschullehrer. Und glauben Sie mir, ich weiß, wovon ich rede. In meiner Eigenschaft als Zeitungskolumnist bekomme ich eine Menge handgeschriebener Fanpost, die meiste davon vollkommen unleserlich. Einschränkend muß ich hinzufügen, daß viele meiner Fans festgeschnallt sind und infolgedessen ihre Schreibwerkzeuge nur mit dem Munde führen können. Aber auch ganz normale Menschen schreiben mir so, daß ich nur hier und da mal ein Wort entziffern kann, so daß die meisten meiner Fanbriefe sich wie folgt lesen:

Mr. Barry,
leider (IRGENDWAS) *Abonnement kündigen, weil* (IRGENDWAS). (IRGENDWAS) (IRGENDWAS) *idiotisch* (IRGENDWAS) *»Humor«* (IRGENDWAS) (IRGENDWAS) *gemeingefährlich* (IRGENDWAS) (IRGENDWAS) (IRGENDWAS) *achtjähriger* (IRGENDWAS). (IRGENDWAS) (IRGENDWAS) *Ihren Artikel* (IRGENDWAS). (IRGENDWAS) (IRGENDWAS) (IRGENDWAS) *einen ganzen* (IRGENDWAS) *verschluckt* (IRGENDWAS) (IRGENDWAS) *Chemiebaukasten!* (IRGENDWAS) (IRGENDWAS) (IRGENDWAS) *Krankenhaus* (IRGENDWAS) (IRGENDWAS) *Notoperation.* (IRGENDWAS) (IRGENDWAS) *künstliches Hüftgelenk* (IRGENDWAS). (IRGENDWAS) (IRGENDWAS) *von meinem Anwalt hören.* (IRGENDWAS) *Sie sich!*

Da ich meine Post nicht lesen kann, muß ich die Antworten eher vage halten (»(IRGENDWAS) *Sie sich doch selbst!*«), und wirkliche Kommunikation findet nicht statt.

Das Schreibschriftproblem hat weite Kreise gezogen und betrifft weit mehr professionelle Schreiber als mich und William Shakespeare. Haben Sie sich jemals gefragt, warum die amerikanische Regierung, die ja immerhin Millionen hochqualifizierter Mitarbeiter beschäftigt, nach außen hin die Intelligenz eines Wischlappens zur Schau trägt? Der Grund ist ganz einfach: Alle frühen Dokumente, die das Rückgrat unseres Staatswesens bilden – die Verfassung, die Unabhängigkeitserklärung, die Magna Carta und der Scharlachrote Buchstabe – sind in vollkommen unleserlicher Schreibschrift abgefaßt. So müht sich beispielsweise das Verfassungsgericht seit nunmehr 200 Jahren ab, irgendeinen Sinn in das Gekrakel unserer Verfassung zu bringen. Erst kürzlich ist es Historikern unter Zuhilfenahme moderner Handschriftenanalyse-Apparaturen gelungen, einzelne Passagen dieser historischen Dokumente zu entschlüsseln. Dabei ist unter anderem herausgekommen, daß

- es sich bei den ersten zehn Zusatzartikeln zur Verfassung um den Lieferschein eines Party-Service handelt.
- nirgendwo von der Konstituierung eines »Kongresses« die Rede ist.
- ein »Präsident« zwar erwähnt wird, aber seine einzige Funktion (die allerdings nicht näher erläutert wird) darin besteht, »alle zusammenzupfeifen«.

Ich könnte Ihnen noch endlos viele historische Beispiele für das Schreibschriftproblem nennen. Sie wären schockiert, wenn ich Ihnen verriete, wie der Originaltitel eines heute als »Altes Testament« bekannten Schriftstücks lautete! Ich will es aber damit bewenden lassen, auf die Verwirrung hinzuweisen, die Schreibschrift seit Tausenden von Jahren unter den Menschen stiftet – und zwar im Allgemeinen wie im Besonderen. Von dem Besonderen sind vor allem Angehörige der medizinischen Berufe betroffen. Einer kürzlich veröffentlichten Studie zufolge sind allein im Jahre 1995 78% aller unnötigen Organamputationen darauf zurückzuführen, daß Krankenhausangestellte irgendwelche hingekritzelten Notizen von Ärzten fehlinterpretiert hatten, die bei genauer Analyse Erinnerungszettel darstellten, auf denen die betreffenden Ärzte sich Privates notiert hatten, wie etwa daß sie ihrer Frau zum Hochzeitstag noch Blumen besorgen müssen.

Erst im Jahre 1873 (oder was weiß ich, wann die Schreibmaschine erfunden wurde) entspannte sich die Lage ein wenig. Der große Vorteil der Schreibmaschine lag darin, daß sie klar lesbare Wörter produzieren konnte. Der Nachteil war, daß die Standardtastatur, die bis heute gleich geblieben ist, von analphabetischen Marsmännchen entwickelt wurde. Das hat zur Folge, daß die Buchstaben, die man am häufigsten braucht, schwer zu finden sind und oft ganz fehlen, während völlig überflüssige Buchstaben, wie »q«, bis zu vier Mal vorkommen. Und was die Sache noch schlimmer macht: Viele Menschen tippen mit der Zeigefinger-Sturz-Methode. Das wiederum heißt: Sie machen viele Fehler, was wiederum bedeutet, daß sie vieles von dem, was sie geschrieben haben, wieder ausstreichen müssen. Ihre Briefe zu lesen, erfordert viel Geduld:

~~Seeh Seeh~~ Sehr ~~geert gehe~~ geehrter ~~Mt.~~ Mr. ~~Fikk~~ Vollmer:
~~Bzgl Bezöhk Bezru~~ In ~~med~~ dem ~~Spillebiz~~ Sprinkelberg – ~~Sprotte Sporz~~ Sprockmann ~~Vreta Vezt~~ Vertrag ~~snid~~ sind ~~dei~~ die ~~Serrri Se5ri~~ Nummern ~~veke vehrk vwer Scheiße!~~
Rufen Sie mich ~~debs~~ deswegen ~~ab~~ an!
~~Hof Hochsxg~~ Hochachtungsvoll,
~~Robr Roner Ribwe~~ Bobby

Heute haben wir diese Probleme nicht mehr. Heute ist alles aufs Schönste geregelt. Heute haben wir … machen Sie sich gefaßt auf die Schrift LetterGothic E-N-Q-U (modern f), 12-Punkt, mit Rahmen und unterlegter Schattierung:

TEXTVERARBEITUNGSPROGRAMME

Moderne computerisierte Textverarbeitung macht es uns möglich – als Individuen sowie auch als zusammenhängende Volksgemeinschaft – die Parameter unserer kommunikativen Konzeptualisationen exponentiell zu steigern und zu vermehren – qualitativ wie quantitativ, und natürlich vor allem paradigmatisch. Denn jetzt endlich sind wir in der Lage, lange, schwere Wörter korrekt zu buchstabieren, ohne uns groß darum kümmern zu müssen, was sie eigentlich bedeuten. Das verdanken wir den sogenannten »Rechtschreibprogrammen«. Wir schalten sie ein, und der Computer überarbeitet unsere Texte, findet unsere Fehler und zeigt uns, wie's richtig geht. Nehmen wir einmal an, Sie versuchen, einen wichtigen Klienten für Ihre Firma zu gewinnen, und Sie schreiben ihm folgenden Brief:

Seer geerter Mr. Strompel,
es hat uns ser gefroit, sie und
iere Mittabeiter kenenzulärnen.
Wir würden uns froien, innaher Zukumft
wider mit ihnen zutunzuhaben.

Mit einem solchen Brief würden Sie keinen allzuguten Eindruck hinterlassen. Aber Sie haben ja ein modernes computerisiertes Textverarbeitungsprogramm, und deswegen wird doch noch alles gut. Jagen Sie diesen Brief durch Ihr Rechtschreibprogramm! Es wird Sie nicht nur darauf hinweisen, daß es das Wort »Strompel« nicht gibt, sondern Ihnen sogar Alternativen dafür anbieten. Es kann das falsche Wort sogar eigenständig ersetzen! Am Ende erhält Ihr potentieller Klient dann folgendes eindrucksvolle Dokument:

Seer geerter Mr. Strumpf,
es hat uns ser gefroit, sie und
iere Mittabeiter kenenzulärnen.
Wir würden uns froien, innaher Zukumft
wider mit ihnen zutunzuhaben.

Aber Rechtschreibprogramme sind nur einer der vielen Vorzüge moderner computerisierter Textverarbeitung. Es gibt auch extrem hilfreiche Programme zur Grammatik-Kontrolle. Gerade habe ich die ersten Zeilen dieses Absatzes grammatikalisch durchchecken lassen, und erhalte die willkommene Auskunft, daß man Sätze nicht mit »aber« anfangen sollte. Außerdem erfahre ich noch, daß mein Duktus in diesem Teil des Textes auf der Flesch-Reading-Skala bei 44,0 liegt, einen Flesch-Kincaid-Grad von 10,4 ausweist, ein Coleman-Liau-Level von 15,9 und ein Bormuth-Level von 11,1 hat. Ich habe keine Ahnung, was diese Zahlen im einzelnen bedeuten. Ich weiß nur, daß es darum geht, sich in Stil und Wortwahl dem geistigen Format eines Adressaten so weit wie möglich anzunähern – vorausgesetzt, man kann es ermitteln. (»Seer geerter Mr. Strumpf, bitte informiren sie uns über ieren Coleman-Liau-Level!«)

Ebenfalls eine tolle Sache beim modernen computerisierten Textverarbeiten ist die Option »Kopieren und Einfügen«. Auf diese Weise können Sie eine Textstelle ganz einfach kopieren und sie beliebig oft irgendwo einfügen, ohne alles noch einmal tippen zu müssen. Auf diese Weise können Sie eine Textstelle ganz einfach kopieren und sie beliebig oft irgendwo einfügen, ohne alles noch einmal tippen zu müssen. Auf diese Weise können Sie eine Textstelle ganz einfach kopieren und sie beliebig oft irgendwo einfügen, ohne alles noch einmal tippen zu müssen. Auf diese Weise können Sie eine Textstelle ganz einfach kopieren und sie beliebig oft irgendwo einfügen, ohne alles noch einmal tippen zu müssen. Und das ist deswegen so einfach, weil es die Option »Kopieren und Einfügen« gibt.

Mit Hilfe dieser Technik kann man jedes x-beliebige Dokument aufblähen, ohne sich selbst groß was ausdenken zu müssen. Das ist natürlich eine enorme Erleichterung für Schüler, die Aufsätze mit einer vorgegebenen Anzahl von Wörtern schreiben müssen – heutzutage eine geradezu lächerlich einfache Aufgabe! Und um so einfacher, wenn der Schüler über einen Computer mit einem CD-ROM-Laufwerk verfügt. Denn dann kann er Unmengen von Informationen einfach von den CD-ROMs runterkopieren und in seinen Aufsatz einfügen.

Ich besitze eine CD-ROM namens Microsoft©-Bibliothek©. Darin sind enthalten (alles auf einer Diskette!): ein Wörterbuch, ein Konversationslexikon, ein Thesaurus, ein aktuelles Jahrbuch von 1995, eine Zitatensammlung, ein chronologisches Nachschlagewerk zu historischen Ereignissen, ein Weltatlas und das Postleitzahlenverzeichnis. Nehmen wir einmal an, ich ginge noch zur Schule, es sei Sonntag abend, 23 Uhr, und just gerade fiele mir ein, daß ich vor vier Wochen die Aufgabe bekommen habe, einen Aufsatz von circa 3.000 Wörtern zum Thema Photosynthese zu schreiben, der morgen fällig sei. Nun habe ich aber keine Ahnung von Photosynthese, weil kein Mensch auf MTV je davon spricht. Früher hätte ich in einem solchen Fall in stundenlanger Handarbeit abschreiben müssen, was die Enzyklopädie meiner Eltern zu dem Thema hergibt. Heute hingegen brauche ich lediglich meine CD-ROM zu starten, und wenige Minuten später schiebt sich das folgende Dokument aus dem Drucker:

Photosynthese

Bei der Auseinandersetzung mit einem Thema wie Photosynthese ist es wichtig – ›wichtig‹ im Sinne von »bedeutend, bedeutsam, bedeutungsvoll, (dringend) erforderlich, elementar, entscheidend, grundlegend, unumgänglich, wesentlich« – zu fragen: »Was ist Photosynthese?« Das Wörterbuch definiert wie folgt:

pho'to'syn'the'se *('fotosün'teese)* – Substantiv, f., *Prozeß von Grünpflanzen und einigen anderen Organismen, bei dem Kohlenhydrate aus Kohlendioxid und Wasser synthetisiert werden, wobei Licht als Energiequelle dient. Bei den meisten*

Formen von Ph. wird Sauerstoff als Nebenprodukt freigesetzt.

Wir entnehmen dieser Definition, daß es sich bei der Photosynthese im wesentlichen um ein Substantiv handelt, das einen Prozeß beschreibt, den Grünpflanzen und einige andere Organismen durchmachen, wobei sie Kohlenhydrate aus Kohlendioxid und Wasser synthetisieren und Licht als Energiequelle benutzen. Diese Definition jedoch reicht – an und für sich – nicht aus für eine wirklich wissenschaftliche *Auseinandersetzung mit einem Tiefgang von 3.000 Wörtern (bis jetzt sind es erst 141!).*

Denn wenn wir das Wort »wissenschaftlich« verwenden, fällt uns sofort ein berühmtes Zitat von **Leo Tolstoi** *(1828-1910) ein, dem berühmten russischen Romancier und Philosophen, der in Kapitel 10 von* Was ist Kunst? *(1898, neu herausgegeben unter dem Titel* Tolstoi über Kunst *von Aylmer Maude, 1924) über die Wissenschaft folgendes schreibt: »Wahre Wissenschaft untersucht und führt den Menschen diejenigen Wahrheiten und Informationen zu Bewußtsein, die zu einer bestimmten Zeit unter bestimmten Umständen als die wichtigsten gelten. Die Aufgabe der Kunst ist es, diese Wahrheiten und Informationen auch gefühlsmäßig zugänglich zu machen.«*

Was genau wollte Tolstoi, der berühmte russische Romancier und Philosoph, uns damit sagen? Hatte er dabei die Photosynthese im Blick? War die Photosynthese in der Ära, in der der berühmte Romancier und Philosoph Leo Tolstoi lebte (1828-1910), überhaupt schon erfunden? In dieser Ära ist ja so allerhand passiert. Zum Beispiel breiteten sich technische Neuerungen und Innovationen im Management, ausgehend von der Industriellen Revolution in England, wie ein Lauffeuer über Europa (besonders Deutschland) und die USA aus. Eine explosionsartige Zunahme der industriellen Produktion war die Folge, die Nachfrage nach Rohmaterial vergrößerte sich, und es begann ein erbitterter Kampf um potentielle Absatz-

märkte. Erfinder mit Universitätsausbildungen wie auch Autodidakten lieferten die Grundlagen für Massenproduktionsverfahren (Bessemerstahl 1856, Nähmaschine 1846). Viele der neuen Erfindungen wurden 1851 auf der großen Londoner Weltausstellung im Kristallpalast gezeigt, deren Motto »Weltweiter Wohlstand« lautete.

Es darf aber auch nicht vergessen werden, wo wir jetzt bei gerade mal 393 Wörtern angelangt sind, daß dies auch eine Ära der tragischen Ereignisse war. Denken wir nur an den Amerikanischen Bürgerkrieg (1861 - 1865), einen Konflikt zwischen den Nordstaaten (Union) und den abtrünnigen Südstaaten (Konföderierte). Im Süden gilt er heute noch als ein Krieg zwischen unabhängigen Staaten, wohingegen die Union ihn als eine Rebellion der Südstaaten abwertet. Über viele Jahre schon hatten sich Probleme angehäuft, die William H. SEWARD als den »unvermeidlichen Konflikt« bezeichnete: regionale Rivalitäten, moralische Entrüstung (ausgehend von der Bewegung zur Abschaffung der Sklaverei), Überlegungen zur Ausdehnung der Sklaverei auf andere Gebiete sowie der erbitterte Streit um die Oberhoheit der Föderation respektive relative Staatenautonomie.

Dennoch darf nicht in Vergessenheit geraten, daß dieser Bürgerkrieg auch so große Männer wie Abraham Lincoln hervorgebracht hat. In seiner Gettysburg Address *(Copyright: Michael Jackson, 1992) hat er die Photosynthese zwar nicht ausdrücklich erwähnt, er sagte jedoch: »Siebenundachtzig Jahre ist es her, daß unsere Vorväter auf diesem Kontinent eine neuen Nation gründeten, im Geiste der Freiheit …« Lincoln hielt diese Rede übrigens in Gettysburg, Pennsylvania (Postleitzahlen: 17325 und 17326).*

Und so weiter und so fort, immer mehr Informationen sprudeln aus dem Computer. Dank CD-ROM und »Kopieren und Einfügen« ist es so leicht wie Kuchenbacken. Mit einem Textverarbeitungsprogramm können Sie Unmengen korrekt geschriebener Wörter produzieren, ohne sich der zeitraubenden Plackerei unterziehen zu müssen, deren Bedeutungen zu ergründen. Auf diesem Prinzip basiert der computerisierte Formbrief. Dieser Formbrief stellt heute die meistgebräuchliche Kommunikationsform zwischen Menschen auf der einen und Organisationen, Wirtschaftsunternehmen und Behörden auf der anderen Seite dar. Die meisten Briefe, die bei uns durch den Briefschlitz fliegen, haben sich Computer ausgedacht. Dazu benutzen sie Informationen aus anderen Computern. Diese wiederum speisen ihr Wissen aus anderen Computern. Das führt dazu, wie ich bereits in der Einleitung zu diesem Buch andeutete, daß die meisten Leute, die solche Briefe verschicken, keine Ahnung haben, was wohl so ungefähr darin stehen könnte oder an wen sie sie schicken.

Milwaukee Stadt
Kodex-Dezernat
Amt für Schadensregulierung
Exekutivabteilung
Zimmer 73957361974930000245.37

Sehr geehrter Mr. Dahmer,
aus den EDV-Unterlagen unserer Abteilung wird ersichtlich, daß Sie, wohnhaft 924, 25. Straße, Apartment 213, Menschen getötet und einzelne Körperteile davon verspeist haben. Wir machen Sie darauf Aufmerksam, daß dies unter Umständen einen Verstoß gegen Paragraph 2938.6 des städtischen Wohnungs- und Ernährungskodex darstellen kann. Sie müssen daher mit den ensprechenden Geld- oder Haftstrafen sowie einer Rechtsbelehrung rechnen. Bitte setzen Sie sich umgehend mit der o. a. Abteilung in Verbindung! Benutzen Sie die Durchwahl 657-78443-080-11-175-4397 und lauschen Sie der Stimme vom Band, bis Ihr Hirn sich in Guacamole verwandelt! Sollten Sie dieser

Aufforderung nicht Folge leisten, werden wir Ihre Daten an den Computer des Verkehrsdezernats weitergeben – und der ist so brutal, daß unser Computer dagegen ein Weichei ist.

Hochachtungsvoll,
L. Waldorf LaPlume
(Oberinspektor – gestorben 1987, aber noch im Computer der Rentenkasse geführt)

Ich sollte es vielleicht nicht ausplaudern, aber wir Zeitungsmenschen schustern inzwischen fast alle unsere Artikel mit automatisierten Textverarbeitungsprogrammen zusammen. Wir alle sind uns darüber einig, daß es eine gewaltige Vergeudung von Zeit und Geld wäre, richtige Menschen auf Reportagen anzusetzen und ganze Geschichten von der Pike auf selbst schreiben zu lassen, wenn man genauso gut ein paar aktuelle Fakten in einen früheren Artikel eingeben kann – und fertig ist die neue Story:

WASHINGTON – Präsident *(Name des Präsidenten)* warf heute einem Mitglied des parlamentarischen Untersuchungsausschusses, *(Name des Mitglieds des parlamentarischen Untersuchungsausschusses)*, vor, er betreibe im Zusammenhang mit der jüngst hochgespielten *(Name einer irrsinnig komplizierten und ebenso langweiligen)* Affaire eine »Hexenjagd« und wende Taktiken »wie zu Zeiten der McCarthy-Ära« an. Daraufhin beschuldigte der Vorsitzende des parlamentarischen Untersuchungsausschusses, *(Name des Vorsitzenden des Parlamentarischen Untersuchungsausschusses)*, die Regierungsadministration, sie habe ein Interesse daran, »zu mauern« und kündigte an, so lange mit den Anhörungen fortzufahren, »bis alle Beteiligten tot sind«.

Bei der *(Name des Skandals)*-Affaire geht es um Äußerungen, die *(Einfügen: Standardzusammenfassung sogenannter*

Skandale oder Tageshoroskop; an dieser Stelle spielt es keine Rolle, was Sie einfügen, weil ein Artikel dieser Art ohnehin nicht so weit gelesen wird).

oder:

NEW YORK – Die *(Name einer seriös klingenden, aber vollkommen unbekannten Organisation, wie etwa »Institut für Diätfasern«)* kündigte heute die Veröffentlichung einer repräsentativen Studie an, in der nachgewiesen werde, daß *(Bezeichnung für ein weitverbreitetes Nahrungsmittel wie Kaffee, Pekingente, Sellerie oder Wasser)*, was erst in der vergangenen Woche in einer anderen repräsentativen Studie als *(wählen Sie zwischen: »sehr gesund« und »mit hoher Wahrscheinlichkeit krebserzeugend«)* klassifiziert wurde, in Wahrheit *(wählen Sie zwischen: »sehr gesund« und »mit hoher Wahrscheinlichkeit krebserzeugend«)* ist.

oder:

(NAME EINER AUSLÄNDISCHEN STADT, Z. B. ›KUZGIJAGEW‹, WICHTIG IST NUR, DASS DIESE STADT IN KEINEM ATLAS DER WELT AUFFINDBAR IST) – Heute brandeten die Kampfhandlungen in dieser krisengeschüttelten Stadt erneut auf, nachdem die Waffenruhe bereits am Vortag von den *(Name zweier ethnischer Gruppierungen, die sich seit 6.000 Jahren gegenseitig umbringen)* gebrochen worden war. Da der herrschende Konflikt als »die Interessen der Vereinigten Staaten in der *(irgendeine Region)*-Region gefährdend« eingestuft wird, hat Präsident *(Name des Präsidenten)* US-Außenminister *(Name des Außenministers)* nach *(Name der Stadt)* entsandt. Im Gepäck hat er fünf neue Waffenstillstandsabkommen. Bei der gegenwärtigen Waffenstillstandsabkommensbrechfrequenz von 1,7 pro Tag, sollte es dieser leidgeprüften Region ein leichtes sein, bis Anfang nächster Woche einen neuen Weltrekord im Waffenstillstandsabkommensbrechen aufzustellen.

oder:

LOS ANGELES – *(Name eines Prominenten aus dem Show-Business)* und *(Name einer Prominenten aus dem Show-Business)* haben über ihren gemeinsamen Pressesprecher ihre Trennung bekanntgegeben. Wie es in der Verlautbarung heißt, wollen sie aber »weiterhin uneheliche Kinder zeugen«.

Sie sehen, wie einfach das ist! Bitte erzählen Sie's nicht weiter, aber man kann sogar die Humorkolumne einer Zeitung mit Produkten automatisierter Textverarbeitung füllen:

Wenn Ihnen das egal ist – okay! In dem Fall ist allerdings klar, daß Sie den Intelligenzquotienten eines *(wählen Sie zwischen: »Torfkopfs«, »benutzten Kaugummis«, »Jury-Mitgliedes beim O. J. Simpson-Prozeß«)* besitzen, denn laut Bericht in der *(Name einer Zeitung)*, den uns der aufmerksame Leser *(Name des aufmerksamen Lesers)* zugeschickt hat, ist ein *(wählen Sie zwischen: »Ochse«, »Frosch«, »Kohlkopf«, »Steuerfachgehilfe«)* erst kürzlich *(wählen Sie zwischen: »explodiert«, »vom Himmel gefallen«, »in einem BigMac gefunden worden«, »hilflos in der Kanalisation herumschwimmend aufgefunden worden«, »mit Donald Trump beim Tête-à-Tête beobachtet worden«)*. Das ist wirklich passiert. Ha-ha! Popel…

Ich fasse also zusammen: Mit Textverarbeitungsprogrammen können Sie Unmengen korrekt geschriebener Wörter produzieren, ohne sich der zeitraubenden Plackerei unterziehen zu müssen, deren Bedeutungen zu ergründen. Das bedeutet, Sie können eine Menge Zeit sparen. Und das ist gut so, denn diese Zeit können Sie gut gebrauchen, um beispielsweise alle möglichen …

SCHRIFTEN

auszuprobieren.

Sobald Sie sich mit einem Textverarbeitungsprogramm vertraut gemacht haben, werden Sie feststellen, daß Sie pro Minute, die Sie mit dem Produzieren von Wörtern beschäftigt sind, mindestens 10 Minuten ausprobieren, in welcher Schrift Sie sie ausdrucken wollen. Es gibt Hunderte und Aberhunderte von Schriften. Und wenn Sie erstmal anfangen, verschiedene Schriften auszuprobieren, werden Sie feststellen, daß es unwahrscheinlich **unwahrscheinlich** **unwahrscheinlich** schwer ist, wieder damit aufzuhören. Das Schöne ist, daß man im kreativen Umgang mit Schriften seinen Dokumenten **mehr Gewicht** geben kann.

Sehen wir uns einmal ein praktisches Beispiel an. Stellen Sie sich vor, Sie seien im gehobenen Management eines großen Wirtschaftsunternehmens tätig und schrieben einen Brief an eine Gruppe von Angestellten. Den werden Sie ja wohl nicht wie einen x-beliebigen Brief aussehen lassen wollen, den jeder Hans und Franz geschrieben haben könnte:

Hochgeschätzte Mitarbeiter,
wie Sie wissen, war dies für uns alle ein schweres Jahr – die Wirtschaftskrise, die stärker gewordene Konkurrenz im Ausland, die unschöne …

… und so weiter. Eine optische Bankrotterklärung! Ihre Angestellten werden einen Blick auf das Ding werfen und denken: »Haben diese Leute da oben keine anderen Schriften als die einfallslose Garamond 12 Punkt?«

Nun lassen Sie uns mal einen Blick auf denselben Brief werfen, wenn er nach kreativem Einsatz aller verfügbaren Schriften zu einem bedeutenden »Muß-ich-lesen«-Dokument umfunktioniert worden ist:

Hochgeschätzte Mitarbeiter,
wie Sie wissen, war dies für uns alle ein schweres Ξαηρ – die Wirtschaftskrise, *die stärker* gewordene Konkurrenz *im Ausland*, die unschöne ◀ €πλησʃη...... unseres Werks **in Humperville mit vielen** Toten und Verletzten, der **neue Privatjet *für den obersten* Boß ... Daher** haben wir ❽ ≙ φ㉖ ≙ ❶㉖❸ ≙ 〉≙ **Wahl, als Sie zum 24. Dezember freizusetzen.** ⚑②⊗②Ⓤ *Sie aber vergewissert, daß wir* Ⴝ *sollte* **die künftige Firmenentwicklung** *eine Aufstockung* **der Belegschaft** erforderlich machen – ㉔㊻⑯⑰㊻⑯㊷⑯㊼ **werden, ob wir** uns mit Ihnen in ***Verbindung setzen.***

In herzlicher *Zuneigung und*
mit den aufrichtigsten **Wünschen**
für ein **schönes Weihnachtsfest**
Ihr Bob Bubenheimer
(Leiter d. Abtlg. f. menschliches Rohmaterial)

Da sehen Sie einmal, was ein wenig Kreativität bewirken kann! Man kann nur ahnen, was unsere Vorfahren alles hätten leisten können, wenn ihnen moderne Schriften und Symbole zur Verfügung gestanden hätten (»Der ⁰⁻ ≙ 〈R* ist mein Hirte ... mir wird nichts ᴼ mangeln ...)

Aber das ist schließlich das Problem unserer Vorfahren.

Wir hingegen haben das Glück, im Zeitalter der Textverarbeitung zu leben im Zeitalter der Textverarbeitung im Zeitalter der Textverarbeitung, denn, wie ich bereits ausführte: Sie können Unmengen korrekt geschriebener Wörter produzieren, ohne sich der zeitraubenden Plackerei unterziehen zu müssen, deren Bedeutungen zu ergründen. Sie können Unmengen korrekt geschriebener Wörter produzieren, ohne sich der zeitraubenden Plackerei unterziehen zu müssen, deren Bedeutungen zu ergründen. Sie können Unmengen korrekt geschriebener Wörter produzieren, ohne sich der zeitraubenden Plackerei unterziehen zu müssen, deren Bedeutungen zu ergründen. Sie können Unmengen korrekt geschriebener Wörter produzieren, ohne sich der zeitraubenden Plackerei unterziehen zu müssen, deren Bedeutungen zu ergründen. Sie können Unmengen korrekt geschriebener Wörter produzieren, ohne sich der zeitraubenden Plackerei unterziehen zu müssen, deren Bedeutungen zu ergründen. Sie können Unmengen korrekt geschriebener Wörter produzieren, ohne sich der zeitraubenden Plackerei unterziehen zu müssen, deren Bedeutungen zu ergründen. Sie können Unmengen korrekt geschriebener Wörter produzieren, ohne sich der zeitraubenden Plackerei unterziehen zu müssen, deren Bedeutungen zu ergründen.

Ich glaube, das Kapitel ist jetzt lang genug.

9. Das Internet

Die Gesellschaft verändern und die Zukunft gestalten mit CHAT
Oder:
Ich muß doch sehr bitten, Mr. Gnickerbocker!
Oder:
Warum saugen okay ist, blasen aber nicht
Plus:
Achtung! Japanische Bandwürmer greifen an!

Das Internet ist die bedeutendste Erfindung in der Geschichte der Kommunikation seit der Einführung der Warteschleife im Telefon.

Eine kühne Behauptung? Ich gebe es zu. Aber überlegen Sie einmal, wie sehr das Internet unser Leben vereinfachen und bereichern kann! Stellen Sie sich vor, Sie hätten folgendes zu erledigen: 1. einen Flug buchen, 2. ein paar Konzertkarten kaufen, 3. einen dunklen Punkt in Ihrem Steuererbescheid aufklären, 4. Ihrem Kind bei der Materialsammlung für einen schwierigen Aufsatz helfen. Vor 15 Jahren hätten Sie dafür einen ganzen Tag mit Telefonieren verbracht, zur Bibliothek und zum Finanzamt fahren müssen etc. pp. Heute hingegen schalten Sie einfach Ihren Computer ein, wählen den nächstbesten Internet-Anschluß, einen sogenannten »Knoten«, zum Ortstarif an und in Sekundenschnelle – dank der globalen Verbreitung des Internets und seiner Benutzerfreundlichkeit – hören Sie ein Besetzt-Signal!

Ja, es kann schwierig sein, zum Internet durchzukommen. Das liegt an seiner enormen Beliebtheit. Heutzutage scheint jede und jeder eine dieser kryptischen Internetadressen zu besitzen:

Glöckner @ NotreDame.com
immer @ randvoll.r.i.f.
millionenbakterien @ Achselhöhle.pfui

Warum erfreut sich das Internet einer so großen Beliebtheit? Zum einen weil man schnell und unkompliziert mit Menschen überall in der Welt kommunizieren kann – sogar mit Leuten, mit denen man gar nicht kommunizieren möchte. Ich habe das selbst schon erlebt: Vor einigen Jahren, als ich noch neu war im Internet, habe ich einmal versucht, dem britischen Schriftsteller Michael Bywater eine elektronische Message zu schicken. Ich hatte den Kollegen kurz vorher auf einer Lesereise durch England kennengelernt, und wir beide hatten uns schnell miteinander angefreundet. Vermutlich verstanden wir uns deshalb so gut, weil wir uns über die großen ökonomischen, sozialen und politischen Fragen unserer Zeit einig waren und zusammen große Mengen Bier verkonsumiert hatten.

Als ich nun also in den Vereinigten Staaten zurück war, schrieb ich Michael eine geistreiche kleine Message, die auf einen Witz Bezug nahm, über den wir uns beide sehr amüsiert hatten. Die Message war so abgefaßt, daß sie nur für Michael einen Sinn ergab. Ich sprach ihn darin mit »Mr. Gnickerbocker« an – ein Name, den ich während meines Englandaufenthaltes auf der Titelseite einer Londoner Tageszeitung gesehen hatte. Ansonsten enthielt diese Message eine Reihe von hochintellektuellen und extrem subtilen Humorelementen, die auf einen Außenstehenden allerdings wie eine relativ sinnlose Anhäufung von Schimpf- und Fäkalwörtern wirken mußte.

Das Problem war nun, daß ich es angesichts meiner noch nicht sehr ausgereiften Kenntnisse über die Arbeitsweise des Internets irgendwie schaffte, diese Message an das GESAMTE INTERNET zu schicken. Binnen kürzester Zeit war sie als die »Gnickerbocker-Post« in aller Munde. Wie ein Lauffeuer breitete sie sich aus. Die Leute kopierten sie in ihre Computer, druckten sie aus, machten Kopien davon und verschickten sie an Freunde und Verwandte, die wiederum noch mehr Kopien davon machten, um sie an *ihre* Freunde und Verwandte zu schicken. So viel ich weiß, waren es am Ende Tausende, wahrscheinlich Millionen, die diese Message gelesen hatten. Bis heute kommen manchmal wildfremde Menschen auf mich zu, hauen mir auf die Schulter und begrüßen mich mit: »Hi, Mr. Gnickerbocker!«, um sich dann gleich wieder kichernd zu entfernen. Wenn es wirklich intelligente Lebewesen irgendwo im Universum gibt, bin ich ganz sicher, daß die erste Mitteilung, die sie von der Erde erhalten, die Gnickerbocker-Post sein wird. (Wenn das dann tatsächlich ihr Erstkontakt zur Menschheit sein sollte, werden sie die Erde auf der Stelle in Staub verwandeln. Und recht haben sie.)

Die Ironie dieser Episode liegt darin, daß Michael Bywater – Sie erinnern sich? – ein paar Wochen später seinerseits eine breitgestreute Message ins Internet schickte, in der von einer Message die Rede war, von der er gehört habe, daß sein Name darin vorkäme. Er selbst habe diese Message jedoch nie zu Gesicht bekommen, und ob jemand so freundlich sein und sie ihm schicken würde. Mit anderen Worten: Ich hatte meine blödsinnige und inzwischen vor allem extrem peinliche Message in die ganze Welt geschickt – nur nicht an die eine Person, die sie lesen sollte.

So kam es, daß ich mich dank der globalen Verbreitung des Internets und seiner grausamen Benutzerfreundlichkeit intergalaktisch lächerlich gemacht hatte, und nichts sollte Sie daran hindern, dasselbe zu tun. Also los! Klinken Sie sich ins Internet ein! Zu Anfang irritiert Sie vielleicht der dort vorherrschende Fachjargon, aber glauben Sie mir: Schon nach wenigen Stunden Kreuzfahrt durch den Cyberspace wissen Sie sowieso nicht mehr, wer und wo Sie sind. Um diesen Prozeß zu beschleunigen, habe ich die folgenden Einsteiger-Informationen für Sie zusammengestellt:

Die häufigsten Fragen zum Internet – und ihre Antworten

F: Was genau ist das Internet eigentlich?

A: Das Internet ist ein weltweites Netzwerk, durch das Universitäts-, Behörden-, Unternehmens- und private Computersysteme miteinander verbunden sind.

F: Wer steckt als Betreiber hinter dem Internet?

A: Ein 13jähriger Junge namens Jonas.

F: Wie komme ich ins Internet?

A: Das einfachste ist, Sie unterschreiben einen Vertrag bei einem der kommerziellen »Online«-Anbieter, wie etwa *CompuServe*, *Prodigy* oder *America Online*. Zum Dank dafür wird man Ihnen eine kostenlose Programmdiskette überreichen. (Ich persönlich habe eine von *Prodigy* bekommen, mit Erdnüssen. Lecker, kann ich nicht anders sagen, allerdings hätten sie etwas salziger sein können.) Die andere Möglichkeit ist auch ganz einfach: Sie lassen nachts ihre Haustür offen. Dann kommen Mitarbeiter der Firma, die das am schnellsten mitkriegt, angeschlichen und installieren – während Sie schlafen – das entsprechende Programm auf Ihren Computer. Diese Anbieter sind, das müssen Sie wissen, wirklich *scharf* darauf, mit Ihnen ins Geschäft zu kommen.

F: Welche Vorteile habe ich als Online-Kunde?

A: Vor allem diesen: Alle Anbieter verfügen über benutzerfreundliche Kommunikationssysteme, die es Ihnen ermöglichen – auch wenn Sie vorher noch nie etwas mit Computern zu tun hatten – den Online-Anbieter Ihrer Wahl auf schnellstem Wege mit allen Informationen zu versorgen, die dieser benötigt, um Ihr Konto monatlich und bis in alle Ewigkeit *automatisch* zu belasten.

F: Und wenn ich sterbe?
A: Keine Sorge, das macht den Anbietern gar nichts aus.

F: Kann man das Abbuchungsverfahren denn nicht widerrufen?
A: Doch, selbstverständlich, jederzeit!

F: Wie?
A: Das hat bis jetzt noch niemand rausgekriegt. Es gibt Leute, die seit Jahren daran arbeiten, aber egal, was sie anstellen: die Abbuchungen hören einfach nicht auf. Mancherorts werden sogar schon Überlegungen angestellt, Opferschutz-Organisationen wie den Weißen Kreis um Hilfe anzurufen.

F: Was passiert, wenn ich Kinder bekomme?
A: Dann lassen Sie sich ein Betäubungsmittel spritzen, sonst tut das nämlich *richtig* weh.

F: Nein, ich meine: Was passiert, wenn meine Kinder meinen Internetanschluß mitbenutzen?
A: Am besten überschreiben Sie Ihr Haus und Ihre transplantationsfähigen Organe bereits jetzt Ihrem Online-Anbieter.

F: Abgesehen von den monatlichen Zahlungen – was kann ich sonst noch online machen?
A: Alles.

F: Was zum Beispiel?
A: Sie können ... nun ja ... Sie können ... HA! Jetzt fällt mir was ein: Sie können plaudern!

F: Plaudern?
A: Plaudern.

F: Das kann ich jetzt schon, mit Freunden zum Beispiel.
A: Ja. Aber im Internet gibt es »CHAT«, ein Programm, das Millionen von Menschen auf dem ganzen Erdball miteinander verbindet. Da können Sie mit *wildfremden* Menschen plaudern, mit Langweilern, Versagern, Hirnamputierten und...

F: Hört sich gut an. Und wie funktioniert das?
A: Zuerst müssen Sie in »CHAT« einen Bereich auswählen, in dem Sie plaudern möchten. Zur Auswahl stehen sowohl allgemeine Themen als auch solche für spezielle Interessengruppen, wie etwa Teenager, Lyriker, Katzenfreunde, Religionsfanatiker, Schwule, schwule Teenager, die ihren Katzen religiöse Gedichte vorlesen, und natürlich der Bereich »Männer reden stundenlang über Sport«. Jeder Themenbereich wird von zwischen zwei und 314 Menschen benutzt, die sich clevere Pseudonyme zulegen – wie etwa »BeißMichDu« –, damit niemand dahinterkommt, wer sie wirklich sind.

F: Wer sind sie denn wirklich?
A: Oh – das ist ein weites Feld! Das sind Menschen aller Altersstufen mit allen möglichen Berufen und Hobbies – Wissenschaftler und Popstars, Schriftsteller und berühmte Ringkämpfer, Schauspieler und Modemacher. Und mit all diesen tollen Menschen können *Sie* reden!

F: Wirklich?
A: Nein. Meist hat man es mit Versagern zu tun, oder mit 13jährigen Jungen, die unter hormonell bedingten Hirnfunktionsstörungen leiden. Aber sie *geben vor*, Schriftsteller, Ringkämpfer, Wissenschaftler und Popstars zu sein.

F: Worüber plaudert man denn dann so?
A: Die meisten Gespräche drehen sich um die faszinierende Frage: Wer hat sich alles zugeschaltet – und wer ist abge-

sprungen? Eine weitere, ebenfalls faszinierende Frage ist, wo die Leute, die da miteinander plaudern, denn alle wohnen? Ab und zu werden diese Gespräche allerdings von 13jährigen Jungen unterbrochen, die unter hormonell bedingten Hirnfunktionsstörungen leiden und immer nur obszöne Sachen über oder zu Frauen sagen wollen.

Um Ihnen mal eine Vorstellung davon zu vermitteln, wie witzig und geistreich solche Gespräche ablaufen können, habe ich für Sie einen typischen Dialog aus der Plauderecke rekonstruiert:

KleinSusi: Hallo Leute
MuskelMann: Hallo KleinSusi
Kröt: Hallo Su
Lungenbrock: Hi S
KleinSusi: Gibt's was Neues?
Kröt: Eigentlich nicht
Lungenbrock: Ziemlich ruhig heute

(LÄNGERE PAUSE)

MuskelMann: Irgend jemand aus Texas in der Leitung?
KleinSusi: Nee
Kröt: Nö
Lungenbrock: Tut mir leid

(LÄNGERE PAUSE)

EierBob: Hallo Leute
Kröt: Hallo EierBob
Lungenbrock: Hallo Eier
KleinSusi: Hallo Ei
MuskelMann: Hallo E
EierBob: Gibt's was Neues?
KleinSusi: Nicht viel
Kröt: Das Übliche
Lungenbrock: Nix los

Jonas56243837: KleinSusi, zieh doch mal die Reizwäsche aus
KleinSusi: Kann ich machen, aber ich bin ein Mann

(LÄNGERE PAUSE)

MuskelMann: EierBob, bist du aus Texas?
EierBob: Nee

(LÄNGERE PAUSE)

Lungenbrock: Mach mich dann mal vom Acker
Kröt: Tschüs, Lungenbrock
KleinSusi: Steck ihn ihr heute mal nicht so brutal rein, Lungi
MuskelMann: Bis die Tage, Lung
EierBob: Bis dann, L

(LÄNGERE PAUSE)

BullenKill: Hallo Leute
KleinSusi: Hallo BullenKill
Kröt: Hallo Bulle
EierBob: Hallo B
BullenKill: Was gibt's Neues?
KleinSusi: Nicht viel
Kröt: Ziemlich ruhig heute
EierBob: Echt nix los hier

So geht's zu in den Plauderecken, Stunde um unterhaltsame Stunde. Kühne Gedanken fliegen hin und her, einer regt den anderen an, und es ist jederzeit möglich, eine Neuigkeit zu erfahren und somit sein Wissen zu erweitern, zum Beispiel wenn es um die Frage geht, ob BullenKill in Texas wohnt.

F: Ich habe gehört, daß manche Leute die Plauderecken benutzen, um »Cybersex« zu machen. Was genau ist das?
A: Dann senden sie sich gegenseitig brandheiße Messages, hin und her, hin und her, hin und her, schneller und schneller und immer noch schneller, heißer, fester, tiefer, *schneller!*,

schneller!, *fester!*, *fester!*, bis sie – OHHHHH GOTTTTTTT !!! – feststellen, daß ihre Tastatur hakt (wenn Sie verstehen, was ich meine).

F: Das ist ja ekelhaft!
A: Ja.

F: Können Sie mir mal ein authentisches Beispiel nennen?
A: Aber natürlich:

HammerHart: Ich will dich JETZT
FlotteBiene: Ich will DICH jetzt
HammerHart: Ich will dich ausziehn
FlotteBiene: Ja! JA!
HammerHart: Ich zieh dich jetzt aus
FlotteBiene: Oh JAAAAAA!

(LÄNGERE PAUSE)

FlotteBiene: Stimmt was nicht?
HammerHart: Ich krieg Deinen BH nicht auf
FlotteBiene: Laß mich mal
HammerHart: Danke. Oh Gott! Ich berühr jetzt Deine … Deine …
FlotteBiene: Wahnsinnstitten?
HammerHart: Ja! Deine Wahnsinnstitten! Ich berühre sie!
FlotteBiene: JA!
Hammerhart: Alle beide!
FlotteBiene: JAAAA!
HammerHart: Ich zieh dir jetzt das Höschen aus!
FlotteBiene: Das hast du doch schon!
HammerHart: Ach so, na gut. Du bist also NACKT! Ich berühre Dich in Deiner ganzen NACKTHEIT!
FlotteBiene: JAAAAAAAAAAAA!
MuskelMann: Irgend jemand aus Texas in der Leitung?
HammerHart: Nein
FlotteBiene: Nein

HammerHart: Jetzt ist er hart!
FlotteBiene: JA! JA! UND WIE! DU BIST EIN STIER! DU BIST MEIN GROSSER STARKER WILDER STIER!
MuskelMann: Oh, Danke!
FlotteBiene: Du doch nicht!
HammerHart: ICH BIN DER STIER! ICH BIN EIN WAHNSINNIG WILDER STIER! ICH DRÜCK' DIR JETZT MEINEN ... ähm ... MEINEN ...
FlotteBiene: Magst du Bockwurst?
HammerHart: JA! ICH DRÜCK' DIR JETZT MEINE BOCKWURST IN DIE ... DIE ...
FlotteBiene: Versprichst Du, daß Du mich nicht auslachst?
HammerHart: Ja
FlotteBiene: Ich nenn' sie »meine Passionsfrucht«
HammerHart: Ha-ha-ha!
FlotteBiene: Du hast versprochen, daß Du nicht lachst!
HammerHart: Okay, tut mir leid. Also: ICH DRÜCK' JETZT MEINE WAHNSINNSBOCKWURST IN DEINE PASSIONSFRUCHT!
FlotteBiene: JA! JA! JA!
HammerHart: OHHH! DAS IST GUUUT! ICH BIN SO STARK!
FlotteBiene: DU BIST STARK! DU BIST HART! DU BIST HAMMERHART! ICH FÜHL' DEINE STÄRKE IN MIR!
Hammerhart: ES FÜHLT SICH AN WIE ... WIE ...
FlotteBiene: Wie was?
HammerHart: ES FÜHLT SICH AN WIE ... OHMEINGOTTOHMEINGOTT ...
FlotteBiene: SAG'S MIR, HAMMERHART! SAG MIR, WIE ES SICH ANFÜHLT!
HammerHart: OH GOTT, ES FÜHLT SICH AN WIE ... WIE ... WIE DIE KAMPFABSTIMMUNG, DIE ICH HEUTE NACHMITTAG IM SENAT GEWONNEN HABE!!!

(PAUSE)
FlotteBiene: Was hast Du gerade gesagt?
HammerHart: Mist!
FlotteBiene: Du hast gesagt, es fühlt sich an wie die Kampfabstimmung, die Du heute nachmittag im Senat gewonnen hast!!!
HammerHart: Jetzt warte doch mal! Was ich sagen wollte, war...
FlotteBiene: Du bist das also, Albert! DU SAU! DU SCHWEIN! DU HAST GESAGT, DU MUSST HEUTE NACHMITTAG ZU EINEM STAATSBEGRÄBNIS!
HammerHart: Helen?
FlotteBiene: Mist!

F: Was kann ich denn noch mit dem Internet machen – außer Plaudern, mein' ich?
A: Sie können sich an einem der Tausende von Foren beteiligen, in denen via Messages die großen wissenschaftlichen, historischen, philosophischen und politischen Fragen unserer Zeit erörtert werden.

F: Welche zum Beispiel?
A: John Travolta.

F: Es gibt ein Forum für John Travolta?
A: Für alles gibt es ein Forum.

F: Was passiert in den Foren?
A: Na ja, im John Travolta-Forum, zum Beispiel, schicken die Fans sich gegenseitig Messages, in denen sie zum Ausdruck bringen, wie sehr sie John Travolta lieben, und die anderen Fans senden dann Messages zurück, in denen sie zum Ausdruck bringen, wie sehr *sie* John Travolta lieben. Und manchmal gibt es Einbrüche von Leuten, die Messages darüber schreiben, wie sehr sie John Travolta *hassen*.

Sowas führt dann zu wütenden Antwort-Messages mit wüsten Beschimpfungen, und das kann monatelang so weitergehen.

F: Wie giftige Zettelchen in der Schule verteilen.
A: Nur *noch* sinnloser.

F: Gibt es Sex-Foren?
A: Quadrillionen.

F: Worum geht es da?
A: Um John Travolta.

F: Nein – jetzt mal ernsthaft!
A: Okay, es geht um Sex. Aber nicht, wie Sie jetzt wahrscheinlich vermuten. Mit Stimulierung hat das wenig zu tun. Statt dessen finden dort oft hochwissenschaftliche Auseinandersetzungen statt, von denen man noch was lernen kann.

F: Können Sie mir das mal anhand eines konkreten Beispiels erläutern, das Sie sich zur Abwechsung mal nicht ausdenken?
A: Aber gern doch. Während der Recherchen für dieses Buch habe ich mir – und selbstverständlich nur zu diesem Zweck – einmal eines dieser Sexforen angesehen. Ich habe keine gezielte Auswahl getroffen, sondern bin einfach nur zufällig in eins reingeschneit. Der Zugang lief über einen sogenannten »thread« mit folgender Themenangabe: »Wie man korrekt FLATTERT«. Ich dachte schon, ich hätte mich im Internet verlaufen, aber dann wurde mir schnell klar, daß es sich beim FLATTERN um eine Sexualtechnik handelt. In der Message, die das Thema eröffnet, erklärt ein großer Verfechter der Flatter – offenbar ist er Arzt – in fast chirurgischem Detail wie diese Technik im einzelnen funktioniert. Hier ein Teil seiner Erklärung:

Sie kontrahieren die geöffneten Lippen, als ob Sie ein geschlossenes O sprechen wollen, und dann lassen Sie sie flatttttern, bis sie vibrieren. Sie können das ausprobieren, indem Sie sich einen Finger in den Mund stecken. Wenn Sie die Vibration Ihrer Lippen auf dem Finger spüren, haben Sie genau den Effekt erzielt, um den es geht. Es erinnert ein bißchen an Trompetespielen, wo man ja auch nicht bläst, sondern eher Fffebbbbbbbbt macht.

Die Message endet mit einer Warnung:

Frauen, wenn Sie einen Mann beflattern, dürfen Sie NIE-NIEMALS das Loch am oberen Ende (Urethra) beflattern! Dasselbe gilt für Männer, die Frauen beflattern: Blasen Sie NIE-NIEMALS direkt in die vaginale Öffnung hinein! Denn dabei kann Luft in die Blutbahn gelangen und einen Schlaganfall, Gehirnschäden oder einen Herzanfall auslösen. Also: SAUGEN ist okay – BLASEN nicht!

Begreifen Sie langsam, welchen Nutzen Sie aus diesem Superhighway der Informationen ziehen können? Bereits nach so kurzer Beschäftigung mit dem Thema haben wir eine Sexualtechnik erlernt, die, wenn wir einen Fehler machen, unseren Partner umbringen kann!

Das ist aber erst der Anfang dieses Forums. Die nächste Message, offenbar auch von einem Arzt verfaßt, widerspricht in scharfem Ton der Behauptung, die Flatter könne ein medizinisches Risiko darstellen. Diese Behauptung, so der Verfasser, sei ein »unglaublicher« und »pseudo-medizinischer Schnickschnack«.

Dieser Message wird wiederum in der folgenden widersprochen. Dort heißt es, die ursprünglich ausgesprochene Warnung sei berechtigt, schließlich sei sie »in jedem seriösen Medizinerhandbuch dokumentiert«.

Es folgen eine ganze Reihe hochgelehrter Messages, die

ebenfalls alle von Ärzten stammen und sich mit den Gefahren des Lufteinblasens in menschliche Körperöffnungen beschäftigen. Hier ein weiterer Auszug daraus:

In meiner Praxis hatte ich mehrfach Gelegenheit, in der Fachliteratur von Fällen zu lesen, bei denen das gewaltsame Einblasen von Luft sowohl ins Rektum (Mastdarm) als auch in die Urethra (Harnröhre) zu schwerwiegenden Verletzungen und gelegentlich sogar zum Tode führte... In der Regel handelte es sich dabei um Druckluft aus einem Kompressor oder um den Luftstrom eines Staubsaugers.

An diesem Punkt passiert dann etwas, was Sie in vielen Foren des Internets finden werden: Das Thema verzweigt sich und driftet in eine ganz andere Richtung ab:

Wo wir gerade bei Medizin sind, möchte ich mal etwas zur Diskussion stellen, was mir schon lange auf der Leber liegt: Ich gehöre einem Club in Los Angeles an, in dem einem nackte Frauen auf dem Schoß herumtanzen. Hier nun meine Frage: Welche Gefahren können aus medizinischer Sicht damit verbunden sein, nackte Brüste zu lecken? Ich bin ernsthaft beunruhigt, denn die Frauen, die ich da immer lecke, kommen ja frisch von dem Schoß irgendeines anderen Typen, der sie an derselben Stelle geleckt hat. Verdampft oder verfliegt Spucke eigentlich? Oder bleibt sie haften, und der nächste Typ leckt sie auf?

Damit war das Forum vorläufig beendet, aber ich bin mir ganz sicher, daß im Laufe der Zeit viele Menschen aus aller Welt Messages senden werden, um in dieser Frage weiterzuforschen und somit dazu beizutragen, daß der menschliche Horizont sich erweitert und das Problem der via Brustspucke übertragenen Krankheiten erkannt, analysiert und ausgemerzt wird.

F: Ist ja wirklich 'ne tolle Sache, das Internet.
A: Das kann man wohl sagen.

F: Was ist das »World Wide Web«?
A: Das World Wide Web ist die Multimedia-Variante des Internets. Es liefert Ihnen nicht nur Text, sondern auch Bilder und Töne zu praktisch allen erdenklichen Themen. Die entsprechenden Informationen werden in »Web-Seiten« eingespeist, die von Wirtschaftsunternehmen, gesellschaftlichen Institutionen und Privatpersonen verwaltet werden. Wenn Sie mit der nötigen Software ausgestattet sind, haben Sie Zugang zu diesen Seiten und können sich das ganze coole Zeug durchlesen, ansehen und -hören. Es würde mich nicht überraschen, wenn jetzt gerade in diesem Moment irgendwo im Web die Abbildung eines elektromikroskopisch vergrößerten Brustspuckemoleküls erschiene.

F: Mann! Wie komme ich möglichst schnell ins Web?
A: Ganz einfach! Stellen Sie sich vor, Sie wollten ein Boot von einer australischen Firma kaufen, die über eine eigene Seite im Web verfügt, auf der die verschiedenen Bootsmodelle vorgestellt werden. Alles, was Sie tun müssen, ist folgendes: Starten Sie Ihre World Wide Web-Software mit der Turbo-Taste und tippen Sie die Web-Adresse der australischen Firma ein, die wahrscheinlich rhythmisch komponiert und ganz leicht zu merken ist, wie etwa:

http//:www.onetwothreefour-.com/hochdasbein @ dum.di.dum/dum.di.dum.

F: Und wenn ich mal ein Zeichen vergesse oder einen Buchstaben falsch tippe?
A: Dann lösen Sie wahrscheinlich den Marschbefehl für eine amerikanische Atomrakete in Richtung Norwegen aus.

F: Ah ja.
A: Aber nehmen wir einmal an, Sie geben alles richtig ein,

dann drücken Sie einfach die Taste »Enter« – und Sie sind da!

F: Wo?
A: Vor Ihrem Computer natürlich. Sie sitzen da und warten, daß was passiert. Das kann Wochen dauern. Neue Landmassen, ja ganze Kontinente können sich aus den Meeren erheben, ehe eine Web-Seite auf Ihrem Bildschirm erscheint. Auch wenn Sie das Gegenteil gehört haben sollten: Das Internet arbeitet NICHT mit Lichtgeschwindigkeit, es arbeitet mit der Durchschnittsgeschwindigkeit einer beliebigen Behörde. Vielleicht kommen Sie sogar schneller zu Ihrem Boot, wenn Sie selbst nach Australien reisen und sich die ganze Angebotspalette mal persönlich ansehen.

F: Soll das heißen, daß das World Wide Web völlig nutzlos ist?
A: Um Gottes Willen! Sie brauchen nur ein bißchen Geduld, um die unendlichen Ressourcen des Webs nutzen und Dinge in Erfahrung bringen zu können, von denen Sie bislang nur zu träumen wagten.

F: Was zum Beispiel?
A: Okay, ein Beispiel: Kürzlich hab ich ein bißchen mit dem »Web Browser« herumgespielt. Das ist ein Softwareprogramm, mit dem Sie ganz schnell im Cyberspace herumblättern und in Millionen von Dokumenten nach einem bestimmten Stichwort suchen können. Da finden Sie dann alles, was alle möglichen Leute je im Internet zu diesem Stichwort geschrieben haben. Das heißt: Mit dem Browser verfügen Sie über ein unheimlich leistungsfähiges Recherche-Instrument. In meinem Fall entschied ich mich für ein Stichwort, das die ganze Menschheit bewegt – oder zumindest bewegen sollte.

F: Bandwürmer?

A: Genau. Ich gab das Stichwort »Bandwurm« ein, und der Browser produzierte eine Liste mit Hunderten von Stellen im Web, an denen das Wort erscheint. Ich habe diese Stellen dann nach dem Zufallsprinzip abgecheckt. Das erforderte eine Menge Zeit, aber als Schriftsteller *habe* ich ja eine Menge Zeit. Dabei landete ich irgendwann in einem Forum in Austin, Texas, in dem es um Sushi ging.

F: Warum auch nicht?

A: Ganz genau. In diesem Forum fand ich die Message von einem Sushi-Koch, einem gewissen Yasuhiro Muramatsu. Die Message trug den Titel »Gedanken über Lachs«. Ich las sie und war überrascht, wie ... *poetisch* sie formuliert war – wie eine neue, verlängerte Haikuform! Falls Sie nichts dagegen haben, würde ich sie an dieser Stelle gerne vortragen.

F: Oh bitte, tun Sie das!

A: Danke. Also:

Gedanken über Lachs

von *Yasuhiro Muramatsu*

Ich bin Sushikoch.
Ich hab' schon viele Würmer und Eier in Lachsfilets gesehen.
Manchmal sind auch Eier von Bandwürmern in Lachs.
Das kann gesundheitsschädlich sein.

In Japan essen wir keinen rohen Lachs.
Außer als »RUIBE« zubereitet.
Dazu muß der Lachs vorher tiefgefroren worden sein (unter –20° C, mehr als 12 Std.).
Sie sollten also Ihren Sushikoch um »RUIBE« bitten, und nicht einfach nur ›rohen Lachs‹ bestellen.

Lachs ist einer der begehrtesten Fische für Sushi und Sashimi.
Er sieht auch gut aus.
Deshalb wird in vielen japanischen Restaurants roher Lachs angeboten.

Ich hoffe von Herzen, daß Ihnen nicht einfach nur in Scheiben geschnittener roher Lachs serviert wird.
Wenn Sie auf Nummer sicher gehen wollen, essen Sie rohen Lachs nur in Restaurants, denen Sie vertrauen können.
Ich selbst habe übrigens noch nie rohen Lachs gegessen.
Ich bevorzuge norwegischen Wildwasserlachs, »gravad«.

F: Mein Gott, das ist ja wunderschön!
A: Das ist es. Und es ist nur ein winziger Ausschnitt, ein Quadrillionstel von dem, was das gigantische, pulsierende, mutierende, multiplizierende Internet Ihnen bieten kann. Früher oder später wird *alles* im Internet sein, irgendwo. Auch Sie sollten dabei sein! Haben Sie keine Angst! Machen Sie's wie Christoph Columbus, der verwegene Entdecker (E-Mail-Adresse: ChrisCol @ nina,pinta&santamaria.ahoi)! Begeben auch Sie sich auf große Fahrt in unbekannte Gewässer, eine wunderbare neue Welt vor Augen. Und – wie schon ein altes Seemannssprichwort sagt: »Wenn du nicht in See stichst, kriegst du auch keinen Skorbut!«

Also – geben Sie sich einen Ruck! Machen Sie's wie ich und Millionen Andere! Kommen auch Sie an die neue, aufregende Cyberfront mit ihren unendlichen Möglichkeiten! Helfen Sie, das Wissen der Menschheit zu vergrößern und eine bessere Welt zu schaffen!

MuskelMann wartet auf Sie (falls Sie in Texas wohnen)!

10. Die

Internet KURZSCHRIFT

Eine Anleitung zum Originellsein (zumindest so originell wie alle anderen auch)

Als »Neuer« im Internet sind Sie wahrscheinlich von den vielen komischen Wörtern und Zeichen schockiert, die in den meisten Messages enthalten sind. Es handelt sich dabei um eine Art Kurzschrift, die die Benutzer des Internets selbst entwickelt haben.

Oft werden dabei »Akronyme« gebildet. Das ist eine chemische Substanz, die von Motten ausgeschieden wird, wenn sie sexuell erregt sind. Moment ... pardon! Das habe ich jetzt mit »Pheromonen« verwechselt. Akronyme sind künstlich gebildete Wörter, die aus den Anfangsbuchstaben der eigentlich gemeinten Wörter bestehen, wie zum Beispiel »NASA« (Not-Aggregate Spinnen Alle). Die Internetbenutzer lieben Akronyme, denn sie machen das Kommunizieren viel effizienter, wie Sie an dem folgenden typischen Dialog sehen:

Benutzer A: Gibt's was Neues?
Benutzer B: Nö. ⟨lg⟩
Benutzer A: LG. DA? ⟨lg⟩
Benutzer B: HMVVADSG.
Benutzer C: TMLWIHESR, aber MBMI: OJIASVSCH! TMMIURDUDJR.AHMINWSGAK?

Auf den ersten Blick mag Ihnen das wie ein völlig unsinniges Kauderwelsch vorkommen. Das ist es aber nicht – im Gegenteil: Diese Menschen treiben höchst geistreich Konversation miteinander – nur eben à la Internet. Damit Sie das alles dekodieren können, habe ich Ihnen einmal die gebräuchlichsten Akronyme des Internets in der folgenden Übersicht zusammengestellt:

AKRONYM	**BEDEUTUNG**
⟨ \g⟩	**»Grins«** Dieses Zeichen erfreut sich im Internet besonderer Beliebtheit. Es zeigt an, daß die vorausgehende Bemerkung humorvoll gemeint war. Merkwürdigerweise ist die vorausgehende Bemerkung fast nie auch nur im entferntesten humorvoll. Offenbar glauben die Internetbenutzer, daß sie einer Bemerkung Humor verleihen können, indem sie ihr ein ⟨ \g⟩ anhängen. **TYPISCHE BEISPIELE** Ich wohne in Akron. (⟨ \g⟩ Der französische Dichter Jean Baptiste Racine wurde 1639 geboren. ⟨ \g⟩
LG	**»Laut gelacht«** Das soll bedeuten, daß der Schreiber laut gelacht hat. Meist wird dies Akronym als Antwort auf eine Bemerkung benutzt, an die ein ⟨ \g⟩ angehängt war. **BEISPIEL** *Benutzer A:* Heute regnet es hier ein bißchen. ⟨ \g⟩ *Benutzer B:* LG.
HMVVADSG	**»Hab mir vor Vergnügen auf die Schenkel geschlagen«** Dieses Akronym wird als Antwort auf eine Bemerkung benutzt, die *noch* lustiger ist als eine der Kategorie LG. Daran können Sie sehen, *wie* komisch es bisweilen im Internet zugeht!

BEISPIEL
Benutzer A: Heute hat es erst ein bißchen geregnet, aber später wurde Schneeregen daraus. ⟨lg⟩
Benutzer B: HMVVADSG

DA?
»Du auch?«
So zeigt der Schreiber, daß er an seinem Gesprächspartner ein menschliches Interesse hat, dessen Stimmungen und Gefühle ernst nimmt und nicht einfach nur so zum Zeitvertreib und zur eigenen Belustigung im Internet herumplaudert.

TMLWIHESR
»Tut mir leid, wenn ich hier einfach so reinplatze«
Ein Akronym, das oft in Verbindung mit einem weiteren auftritt: **MBMI**. Das bedeutet: **»Meine bescheidene Meinung ist«**. Sie sehen also, daß es im Internet ausgesprochen höflich und zivil zugeht.
BEISPIEL
Benutzer C: TMLWIHESR, aber MBMI: Ihr habt doch alle ein Rad ab!

OJIASVSCH!	**»O. J. ist aber sowas von schuldig!**
TMMIU	**Trotzdem muß man in unserem**
RDUD	**Rechtssystem das Urteil der**
JR.	**Jury respektieren.**
AHMINW	**Aber hätte man ihm nicht wenigstens**
SGAK?	**seine Golfschläger aberkennen können?**

Großer Beliebtheit erfreut sich auch ein weiteres Internet-Kürzel, der »Gefühlsmarker«. Gefühlsmarker stellen einen sehr raffinierten Gebrauch der üblichen Satzzeichen dar und werden benutzt, um menschliche Gefühle zum Ausdruck zu bringen.

Nehmen wir einmal an, jemand teilt mit:

Ich bin glücklich.

Dann ergibt sich das Problem, daß der Empfänger dieser Botschaft sich nicht vollkommen und hundertprozentig sicher sein kann, welches Gefühl der Absender genau meint. Daher setzt man zunächst einen Doppelpunkt (»:«), gefolgt von einer Endklammer (»)«). Nun sieht unser Satz wie folgt aus:

Ich bin glücklich :)

Sie sehen: Das wirkt doch gleich ganz anders! Anstelle einer schnöden, gefühlslosen Bemerkung haben wir jetzt eine schnöde, gefühlslose Bemerkung mit ein paar auf den ersten Blick völlig sinnlosen Satzzeichen am Ende. Aber das scheint nur so. Um einen Gefühlsmarker korrekt zu lesen, muß man nämlich die Seite um einen 90°-Winkel nach rechts (→) drehen, so daß, wenn Sie das jetzt zum Beispiel mit diesem Buch tun, die rechte Seite nach unten hängt. Bitte tun Sie das JETZT! Drehen Sie das Buch hochkant nach rechts!

MACHEN SIE EIGENTLICH JEDEN SCHEISS MIT?

Haben Sie bemerkt, was mit den Satzzeichen hinter unserem schnöden, gefühlslosen Satz passiert ist? Sie haben sich zu einem »Smiley«.☺ verwandelt! Jetzt weiß der Empfänger genau, in welcher emotionalen Verfassung der Absender sich befindet. In diesem Fall würde es sich um ein Glücksgefühl handeln. Aber das ist nur *ein* Beispiel. Wenn man etwa eine *Anfangs*klammer anstelle einer *End*klammer benutzt – »:(« – kann man das *Gegenteil* von Glück ausdrücken, nämlich Trauer. Auf diese Weise kann man einen »Naja«-Satz in einen »Mann-o-Mann!«-Satz verwandeln. Sehen Sie selbst:

(ohne Gefühlsmarker): **Über 7.000 Menschen sind bei Gettysburg gefallen.**

(mit Gefühlsmarker): **Über 7.000 Menschen sind bei Gettysburg gefallen :(**

Haben Sie den Unterschied bemerkt? Wenn Sie den zweiten Satz um 90° gedreht lesen, merken Sie sofort, daß es sich um etwas Trauriges handelt.

Gefühlsmarker gibt es natürlich schon seit Hunderten von Jahren, wie Sie an den folgenden Reproduktionen einiger Originalmanuskripte sehen können:

a) *Ich bin der Messias :)*

b) *Der arme Yorick, ich kannt' ihn gut :(*

c) *Gute Zeiten :) – schlechte Zeiten*

Nun sind glückliche und traurige Gesichter zwar für so simple Dinge wie die oben genannten ausreichend, aber die subtilen Kommunikationsstrukturen des Internets (»Irgendjemand aus Texas in der Leitung?«) sind doch komplexer. So haben die Internetbenutzer über die Jahre eine reichhaltige Palette an Gefühlsmarkern entwickelt, mit denen man jede erdenkliche menschliche Regung adäquat zum Ausdruck bringen kann. Ich habe mich auf die wichtigsten beschränkt und zeige Ihnen auf der nächsten Seite einen kleinen Ausschnitt daraus:

DIE WICHTIGSTEN GEFÜHLSMARKER IM INTERNET

Gefühlsmarker	Bedeutung
:)	Glücklicher Mensch
:(	Trauriger Mensch
:-)	Glücklicher Mensch mit Nase
:-(	Trauriger Mensch mit Nase
:–(	Mensch, der traurig ist, weil er so eine lange Nase hat
:/(	Mensch, der traurig ist, weil er eine schiefe Nase hat
:-D	Lachender Mensch
:-D*	Mensch, der so furchtbar lachen muß, daß er die fünfbeinige Spinne nicht bemerkt, die an seiner Unterlippe hängt
:-|	Mensch im Supermarkt, irritiert von den aberdutzend Zahnpasta-Sorten
>8-0-(&)	Mensch, der gerade feststellt, daß er einen Bandwurm hat
;-)	Mensch, schelmisch zwinkernd
.-)	Mensch, der trotz Verlust eines Auges immer noch lächeln kann
:-OM&M	Mensch, der eine Tüte M&Ms auskotzt

<table>
<tr><td>:-Q</td><td>Mensch, der gerade Cybersex hatte und genußvoll eine postkoitale Zigarette raucht</td></tr>
<tr><td>>:-Q...</td><td>Mensch, der genußvoll eine postkoitale Zigarette raucht, bis er plötzlich bemerkt, daß ihm etwas aus dem Mund tropft</td></tr>
<tr><td>:-{8</td><td>Frau, von dem Ergebnis ihrer Brustvergrößerungsoperation enttäuscht</td></tr>
<tr><td>V:-|</td><td>Mensch, der sich wundert, warum niemand mit ihm reden will, und noch nicht mitbekommen hat, daß ihm ein Krokodil über den Kopf krabbelt</td></tr>
<tr><td>~E}:-|</td><td>Fischer auf dem Weg zum Markt, auf dem Kopf einen Korb balancierend, in dem ein dreibeiniger Tintenfisch üble Gerüche absondert</td></tr>
</table>

11. Ausgewählte Web-Seiten

Endlich der Beweis: Die zivilisierte Welt geht baden

Manche Kritiker beklagen, daß das Internet hauptsächlich von rohen, dummen, unreifen, spießigen, untalentierten, langweiligen, peinlichen, brutalen, verwirrten, überheblichen und schrillen Menschen benutzt wird. Dabei wird allerdings übersehen, daß das Internet dem Kenner, der weiß, wonach er suchen muß, auch Geschmackloses und Krankes zu bieten hat.

Das gilt insbesondere für das World Wide Web. Denn während das Internet sich auf Texte beschränkt, ist das Web eine multimediale Angelegenheit. Das bedeutet zum Beispiel folgendes: Wenn man die Seite im Web anwählt, auf der die Benutzer ihrer Angst vor *Star Wars*-Figuren Ausdruck verleihen, die es möglicherweise darauf abgesehen haben, die Geschlechtsorgane der Web-Benutzer zu fressen, bekommt man das ganze in Wort *und* Bild präsentiert. (Darüber mehr im Verlaufe dieses Kapitels – ein guter Grund übrigens, dieses Kapitel zu überblättern.) So ermöglicht diese Technik unter anderem auch eine wissenschaftliche Weiterentwicklung der Erforschung von Sülze.

Bei den Recherchen für dieses Buch habe ich viele, viele Stunden mit der Erkundung des World Wide Web verbracht. Der Zeitaufwand verteilte sich etwa wie folgt:

Tätigkeit	Zeit
unsägliche Web-Adressen eingeben	2%
semesterlanges Warten, bis eine Web-Seite sich aufgebaut hat, ohne daß der Computer irgendeine erkennbare Leistung erbringt	93%
schnippische Bemerkungen lesen, die besagen, daß es keine solche Web-Adresse gibt	2%
unsägliche Web-Adressen neu eingeben	2%
Lesen von Web-Seiten	1%

Wie Sie sehen, kann es eine Weile dauern, bis sich eine Web-Seite aufgebaut hat. Der Grund für die Verzögerung liegt darin, daß die Adresse, die Sie in Ihren Computer eingeben, an einen anderen Computer weitergegeben wird, der sie dann wieder an einen anderen Computer weitergibt, und immer so weiter, bis das Ganze durch fünfzehn Computer gelaufen ist, um dann von einem schlecht gelaunten Postangestellten aufgegriffen und in den Papierkorb geschmissen zu werden. Wenn Sie also im Web herumstöbern, müssen Sie sich auf längere Wartezeiten gefaßt machen. Sie täten gut daran, diese Zeit sinnvoll zu nutzen, indem Sie beispielsweise Ihr Garagendach neu decken.

Da ich persönlich aber viel Zeit habe, weil ich ja keiner geregelten Arbeit nachgehe, ist es mir schließlich doch gelungen, in ein paar Web-Seiten reinzukommen. Auf den folgenden Seiten werde ich Ihnen die interessantesten davon vorstellen. Zunächst möchte ich jedoch drei Dinge klarstellen:

1. Alle beschriebenen Web-Seiten existieren wirklich. Ich habe keine einzige erfunden, noch nicht mal die mit der virtuellen Toilette.

2. Was Sie hier sehen, ist nur ein winziger Ausschnitt aus den Tausenden und Abertausenden von real existierenden Web-Seiten, zu denen täglich neue hinzukommen. Sie sollten nach Lektüre des Folgenden jedoch nicht den voreiligen Schluß ziehen, daß *alle* Web-Seiten Mumpitz sind. Das gilt nur für maximal 99,999997 Prozent!

3. Bis Sie dieses Buch zu lesen bekommen, existieren einige der hier zitierten Seiten vielleicht nicht mehr. Ich habe sie Mitte 1996 gelesen. Warum sie vielleicht nicht mehr existieren? Nun, das kann verschiedene Gründe haben, unter anderem den, daß ihre Autoren auf ihre jeweiligen Heimatplaneten zurückbeordert worden sind.

Ich erhebe in diesem Kapitel keinerlei Anspruch auf Vollständigkeit, meine Auswahl ist noch nicht einmal repräsentativ. Ich möchte Ihnen lediglich eine Vorstellung davon vermitteln, was da draußen los ist. Also, schnallen Sie sich an, und begleiten Sie mich zu einem Besuch diverser Raststätten entlang dem Superhighway der Informationen. Wir starten sinnigerweise bei den:

TOILETTEN IN MELBOURNE, AUSTRALIEN

http://minyos.xx.rmit.edu.au/~s9507658/toilet/

Wenn Sie eine Reise nach Melbourne, Australien, planen, fragen Sie sich doch als erstes: »Wie sind da die Toiletten?«

Die Antwort auf diese Frage finden Sie auf dieser Web-Seite. Sie enthält detaillierte Angaben über Toiletten in ausgewählten Stadtteilen. Hier einige Auszüge daraus:

- »Was für ein wunderbarer Tag für einen Ausflug! Schönes Wetter. Ein nettes Picknick. Eine Sightseeing-Tour. Erstklassige Toiletten.«
- »Die andere bemerkenswerte Sache in den Toiletten waren die Toilettenpapier-Halter. Es handelte sich dort nämlich um Endlospapier in dicken runden Behältern, die sogar *in der richtigen Höhe angebracht waren*!«
- »Unterwegs machten wir im Eastland Shopping Center Station. Dort sahen wir die wohl besten öffentlichen Toiletten unseres Lebens. Sie waren sauber, offen, und die Toilet-

tenpapier-Halter waren höhenverstellbar. Wie auch bei den Toiletten am Lysterfield Lake gab es sogar ein bassinförmiges Urinal in Kindersitzhöhe. Auch die Händetrockner waren fantastisch – kompakte, automatische Geräte der Firma Mirage. Sie waren zwar viel kleiner als die meisten anderen Händetrockner, aber sie produzierten einen kräftigen heißen Luftstrom.«

Das ist aber noch nicht alles. Von dieser Web-Seite aus kann man in viele, *viele* andere toilettenverwandte Web-Seiten springen, unter anderem in eine Virtuelle Öffentliche Toilette (»Die Web-Toilette«, http://www.auburn.edu/~carltjm/restroom.html), in die man eine virtuelle Message schicken und somit einen virtuellen Pups hinterlassen kann.

RIESENSAMMLUNG VON VIOLINISTEN-WITZEN

http://www.mit.edu/people/jcb/viola-jokes.html

Sicher geht es Ihnen wie den meisten von uns: Alle paar Tage wandern Sie nervös im Wohnzimmer auf und ab und murmeln vor sich hin: »Verdammt! Diese Produktvorführung morgen früh ist wirklich wichtig! Wenn ich doch bloß einen guten Violinistenwitz wüßte, um das Eis zu brechen! Aber mir fallen bloß lauter alte ein!«

Vor diesem Problem werden Sie nie, nie wieder stehen, da Sie nun endlich Zugang zu dieser Web-Seite haben! Unter der oben genannten Adresse finden Sie eine *Un*menge von Violinistenwitzen. Möglicherweise hat irgend jemand irgendwo auf der Welt eine noch größere Violinistenwitzsammlung zusammengetragen, es sollte mich jedoch wundern, wenn dieser jemand das ohne den Konsum von großen Mengen illegaler Rauschdrogen geschafft hätte.

Der Witz an den Violinistenwitzen scheint eine stille Übereinkunft darüber zu sein, daß Violinisten als die nicht eben intelligentesten und begabtesten Mitglieder eines Orchesters gelten:

Frage: Woran merkt man, daß ein Violinist aus dem Takt gekommen ist?
Antwort: Der Bogen bewegt sich.

Frage: Was ist ein Violinist mit zwei Gehirnzellen?
Antwort: Schwanger.

Einige dieser Witze sind wahrscheinlich noch witziger, wenn man etwas von klassischer Musik versteht. Ich bin mir ganz sicher, daß viele Orchestermusiker sich vor Vergnügen auf die Schenkeln schlagen, wenn sie zum Beispiel diesen hier hören:

Frage: Wie kriegt man einen Violinisten dazu, eine Passage »pianissimo tremolando« zu spielen?
Antwort: Sag' ihm, es sei sein »Solo«.

Ha ha! »Sag' ihm, es sei sein ›Solo‹!« Mann! Jetzt muß ich erst mal wieder zu Atem kommen!

Ich muß zugeben, daß diese Web-Seite mich einigermaßen überrascht hat. Ich hatte immer gedacht, klassische Orchester seien bierernste Angelegenheiten mit bierernsten Mitgliedern. Ich hatte ja keine Ahnung, wie frivol es da zugeht! Gerade die Streicher hatte ich für besonders steif gehalten. (Bei den Holzbläsern ist das natürlich etwas ganz anderes. Da wimmelt es natürlich von Tuten und Tröten – eine völlig außer Rand und Band geratene Szene ...)

KEKSFÜHRER

http://mathlab.sunysb.edu/%7Eelijah/cstuff/index.html

Hier begegnen wir einer Idee, auf die Sie und ich nie von alleine gekommen wären. Aber in dem Moment, wo wir damit konfrontiert werden, schlagen wir uns an die Stirn und denken: »Hättest du doch ...!«

Diese Seite zeichnet sich in erster Linie durch eine Reihe von Fotos aus, auf denen verschiedenartigste Kekse zu sehen sind – TucTuc, Käsecrackers, etc., alle in Originalgröße. Man klickt einen Keks an und wechselt damit in einen Text, der detaillierte Angaben zu den handelsüblichen Verpackungsarten und Nährwerttabellen enthält. Außerdem wird man dort aufgefordert, Kekse zu spenden, »besonders seltene und ungewöhnliche«.

Ich bin mir ganz sicher, daß es einen guten Grund dafür und für diese Web-Seite gibt.

VERZEHR VON MENSCHLICHEN HODEN

Mr. T. Ate My Balls

http://www.cen.uiuc.edu./~nkpatel./mr.t/index.html

und:

Chewbacca Ate My Balls

http://www.cen.uiuc.edu/~nkpatel/chewbacca/index.html

Es gibt Dinge im Leben, über die man nicht nachdenken sollte, zum Beispiel die Frage, was hinter diesen Seiten steckt.

Sie enthalten, kurz gesagt, Bilder von Mr. T. und Mr. Chewbacca, in denen diese – qua comicartiger Denk- und Sprechblasen – zum Ausdruck bringen, daß Sie Hoden verspeisen möchten, und zwar Ihre, Ihre, Ihre und Ihre.

In der Anfangsszene der »Chewbacca Ate My Balls«-Seite denkt Chewbacca zum Beispiel: »Ich wünschte, ich könnte auf ein paar EIERN rumkauen …« In der nächsten Szene denkt er: »Deine Eier gehören MIR!« Die Geschichte entwickelt sich dann ganz schnell und erinnert ein bißchen an Arthur Miller, und Chewbacca denkt: »WAS? Mr. T. hat Deine Eier gekriegt?«

Beide Seiten enthalten ein sogenanntes Gästebuch, in das die Besucher Kommentare eintragen können. Einige davon habe ich gelesen. Sie waren alle sehr positiv. Daran kann man sehen, daß ein universelles Thema die Leute doch immer wieder anspricht. Ich selbst mußte mich danach leider erstmal ein Weilchen hinlegen.

IST SÜLZE ORGANISCH?

http://www.fright.com/cgi-bin/spamcam

Wenn Sie je in Zweifel gezogen haben, daß das Internet auch wissenschaftlichen Zwecken dient, sollten Sie sich diese Seite ansehen. Sie wird Ihre Zweifel auf eine neue Stufe heben.

Die Seite behauptet von sich: »Hier wird die Frage geklärt, ob Sülze organisch ist.« Es werden Nahaufnahmen von Sülze und anderen Lebensmitteln gezeigt, die im Rahmen wissenschaftlicher Experimente über längere Zeit vor sich hingegammelt haben. Das Ergebnis ist – machen Sie sich auf eine wissenschaftliche Sensation gefaßt – daß am Ende alles absolut ekelhaft aussieht.

Eine Zeitlang gab es auch eine sehr beliebte Web-Seite, in der Studenten zu erforschen versuchten, was mit Beefies passiert, wenn man sie mit Fackeln erhitzt, von Hochhäusern fallen läßt etc. Als ich mir diese Seite ansehen wollte, war Sie jedoch gerade per richterlichem Beschluß abgeschafft worden. Wenn Sie dieses Buch lesen, gibt es sie vielleicht wieder. Oder das gesamte Internet ist bis dahin per richterlichem Beschluß abgeschafft worden. Oder die Studenten sind dann schon dazu übergegangen, Richter von Hochhäusern fallen zu lassen. Alles ist möglich.

MILDRED DURCHBOHREN

http://streams.com/pierce

Behauptet immer noch jemand, es gäbe keine Kultur im Internet? Nun, nachdem Sie diese Seite gelesen haben, werden Sie endgültig davon überzeugt sein. Hier handelt es sich um ein Spiel, bei dem man sich eine Spielfigur aussuchen kann – Mildred oder Maurice – und dann bohrt man Löcher in deren Körper oder dekoriert sie mit Designernarben. Manchmal werden Mildred und Maurice auch infiziert, dann muß man ihnen Antibiotika verabreichen.

Vielleicht denken Sie jetzt, daß sich das ziemlich pervers anhört. Aber ist es wirklich *so* anders als die meisten Comics, die unsere Kinder lesen und im Fernsehen sehen?

BANANENETIKETTEN WELTWEIT

http://www.staff.or.jp/whoiswho/ilkka/bananadir./bananalables.html

Sollten Sie einer von denen sein, die glauben, *so* viele verschiedene Bananenetiketten gäbe es gar nicht, wird die Lektüre dieser Seite Sie schnell und gründlich davon überzeugen, daß Sie ein ziemlicher Idiot sind. Hier bekommen Sie Hunderte von Bananenetiketten präsentiert. Es sind auch einige besonders seltene und wertvolle darunter, wie etwa das Sonderetikett zum 50. Geburtstag von Miss Chiquita, ganz zu schweigen von dem Etikett der Dicken-Frieda-Mit-Der-Mordswumme. Von dieser Seite aus können Sie weitere Seiten mit Bananenetiketten anwählen, denn natürlich gibt es noch viel mehr Bananenetiketten. Des weiteren werden Sie herzlich gebeten, doch selbst Bananenetiketten einzusenden, auch »virtuelle Bananenetiketten«. Ich vermute, dabei handelt es sich um Etiketten von virtuellen Bananen, was ich in Ordnung finde, so lange kein virtuelles Bier erfunden wird.

SEID FREUNDLICH ZU KATZEN

http://hogwild.hamjudo.com/cgi-bin/wave

Diese Seite, die ich mit Hilfe des Zentrums für Anspruchslose Unterhaltung (http://www.amused.com) gefunden habe, wird auch den letzten Skeptiker davon überzeugen, daß das Internet doch etwas Nützliches und Praktisches ist. Auf dieser Seite nämlich kann man einen Knopf anklicken, der einen irgendwo weit weg befindlichen Motor aktiviert, der wiederum eine große Plastikhand aktiviert, die daraufhin den in der Nähe befindlichen Katzen zuwinkt (falls Katzen sich zu der jeweiligen Zeit an dem jeweiligen Ort aufhalten). Leider kann man das nicht *sehen*. Trotzdem spürt man die Wärme und Befriedigung, die immer damit verbunden ist, wenn man weiß, daß eine weit entfernte künstliche Hand einigen weit entfernten und möglicherweise nicht präsenten Katzen zuwinkt. Außerdem bekommt man dann eine nette Message vom Autor dieser Seite auf den Bildschirm: »Danke fürs Winken!« Und zusätzlich eine Beschreibung davon, wie die Katzen auf das Winken reagieren (»Carlo starrt auf die Hand, wenn sie sich bewegt, die anderen drei, Matz, Tatz und Fratz ignorieren sie jedoch.«)

Ich weiß, was Sie jetzt denken. Nach meinem derzeitigen Erkenntnisstand gibt es aber noch keine »Kastriert Katzen!«-Seite.

KAFFEEMASCHINE IM TROJANISCHEN ZIMMER

http:/www.cl.cam.ac.uk/coffee/coffee.html

Auf dieser Seite können Sie sich durch einen einfachen Mausklick von überall auf der Welt und in Sekundenschnelle ein Video-Standbild von der Kaffeemaschine im Trojanischen Zimmer des Computerlabors der Universität von Cambridge, England, ins Haus holen. Es ist virtuell unmöglich, die Zeitersparnis auszurechnen, die diese Methode der Informationsbeschaffung gegenüber allen anderen auszeichnet.

AUFTRITTE VON CAPTAIN & TENNILLE

http://www.vcnet.com/moonlight/CTAPPEARANCES

Hier erhalten Sie die kompletten Tournee- und Auftrittsdaten von Captain & Tennille. Anhand dieser Informationen können Sie feststellen, wann das agile Veteranenduo wo ist und Ihre eigenen Reisetermine so planen, daß Sie sich dann auf der jeweils anderen Hälfte der Erdkugel befinden.

AUF SCHWEDISCH FLUCHEN

http://www.bart.nl/~sante/enginvek.html

Hier handelt es sich um den wohl gründlichsten Kurs in Fluchen auf Schwedisch, den Sie online finden können. Er zeichnet sich durch ein akademisch hohes Niveau aus, ist gut strukturiert und sieht insgesamt sehr professionell aus. Wenn Ihr Computer mit einem Lautsprecher ausgestattet ist, können Sie sogar einzelne Sätze anklicken, und Ihr Computer beschimpft Sie dann auf Schwedisch.

Hier einige der nützlichsten schwedischen Flüche dieser Seite (Ich schwöre: das ist keine meiner Erfindungen!)

Han var jävel på att fiska.
Er war ein verdammt guter Fischer.

Satan! Ungen pissade på sig!
Teufel! Das Kind hat in die Hose gemacht!

Pubkillarna var ena jävlar på att pissa.
Die Pubbesucher waren verdammt gute Pisser.

Jag tappade den jävla tvålen.
Ich habe die verf***te Seife fallen lassen.

Det vore himla roligt om du kom till festen.
Es wäre wunderbar, wenn Du zu der Party kommen könntest.

Kukjävel!
Verf***ter F***er!

Festen kommer att gå åt skogen!
Die Party wird bestimmt der totale Flop!

Und dann natürlich noch der eine Fluch, um den man bei einem Schwedenaufenthalt ständig in Verlegenheit ist:

> ***När jag blir av med gipset skall du få se på sjutton!***
> Sobald ich den verdammten Gips los bin, können Sie was erleben!

HOLLÄNDISCHE VERKEHRSSCHILDER

http://www.eeb.ele.tue.nl:80/traffic/warning-e.html

Ohne diese Seite hätte ich nie in Erfahrung gebracht, daß die Holländer ein Verkehrsschild für »Windböe« haben.
(Diese Seite, wie auch viele andere, die alle ganz wunderbar waren, fand ich mit Hilfe der extrem nützlichen Seite »Nutzlose Seiten«: http://www.chaco.com/uselesss/index.html, schauen Sie mal rein!)

FOTOS VON IN SCHEIBEN GESCHNITTENEN REGIERUNGSLEICHEN

http://www.nlm.nih.gov/research/visible/photos.html

Hier können Sie sich Fotos ansehen, die aus dem Regierungsprojekt »Gläserner Mensch« stammen. Zwei real verstorbene Menschen, ein Mann und eine Frau, sind in Gelatine eingefroren und dann in ganz dünne Scheiben geschnitten worden – zu wissenschaftlichen Zwecken. Ich weiß, was Sie sich jetzt fragen. Sie fragen sich, woher die Regierung die Leichen hat. Und Sie werden erleichtert sein, wenn Sie hören, daß sie *nicht* aus der Beschwerdestelle der Steuerbehörde stammen.

Jedenfalls wird das auf der Seite behauptet.

MENSCHEN MIT TOASTERN

http://www.berksys.com/www/promotions/uNurtoaster.html

Hier können Sie sich sehr viele Fotos von Menschen mit ihren Toastern ansehen.

FABIO

http://redwood.northcoast.com/~shojo/Fabio/fabio.html

Im Mittelpunkt stehen Fotos des romantischen Superstars und Megaschleimers Fabio mit seinem Toaster.

Nein, jetzt mal im Ernst: Die Fotos zeigen den romantischen Superstar und Megaschleimer Fabio in verschiedenen Posen, die allesamt offenbaren, wie tief, leidenschaftlich und sensibel er in seinem Innersten empfindet, daß er ein Kotzbrocken ist. Das Beste ist, daß Sie die Fotos anklicken können und Fabio – vorausgesetzt Ihr Computer hat einen Lautsprecher – dann so Sachen sagt, wie: »Deine Berührung ist mir Befehl!« Offenbar ist Fabio sich nicht darüber im Klaren, daß Sie ihn mit einem Mauspfeil berühren.

FOTOS VON DEFORMIERTEN FRÖSCHEN

http://www.mncs.k12.mn.us/frog/picts.html

An einem schönen Sommertag im Jahre 1995 machte eine Klasse der Minnesota New Country School einen Ausflug in die freie Natur. Die Jungen begannen, Frösche zu fangen. Nach einer Weile bemerkten die Jungen, daß viele der Frösche nicht den standardmäßigen Froschspezifika entsprachen, insbesondere was die Anzahl ihrer Beine, Augen etc. betraf. Also gründeten die Schüler ein Froschprojekt, um diesem Phänomen auf die Spur zu kommen. Auf dieser Web-Seite kann man etwas über die Arbeit des Projekts erfahren und reale Froschfotos sehen. Ein gesteigertes Bewußtsein für Umweltfragen und andere wichtige Themen wird die Folge sein – es sei denn, Sie sind krank und wollen sich einfach nur eine Menge deformierte Frösche ansehen.

SINGENDER SAND

http://www.yo.rim.or.jp/~smiwa/index.html

Wenn Sie sich für Singenden Sand interessieren (und wer tut das nicht?), ist dies genau die richtige Seite für Sie. Hier finden Sie Informationen auf Japanisch und zusätzlich in einer Sprache, die entfernt an ... nun ja ... an Sprache überhaupt erinnert. In der Einleitung heißt es:

»Alle Information über Singenden Sand auf der Welt (»Singender Sand« an Strand und »Vibrierender Sand« in Wüste) ist konzentriert in diese Seite. Singende Flächen von Sand ist sehr empfindlich gegenüber Umweltverschmutzung, und kann dafür sogar Anzeiger.

Zu meinen größten Bedauern ist Singender Sand schon in den kritischen Stadium, wo er ist sein Bestand Gefahr. Wenn Luft und Wasser sauber, jedoch, macht Singender Sand wunderschöne Geräusche für uns mit Benutzung von Wind und Wellen. Ich mache zeigen die Welt von Singenden Sand, was Mutter Erde poliert hat seit ewiger Zeit.«

Haben Sie das gewußt? Der Singende Sand ist in Gefahr!

Wenn Ihr Computer mit einem Lautsprecher ausgestattet ist, können Sie sich den Singenden Sand sogar anhören! Es ist nicht einfach, mit Worten zu beschreiben, wie schauerlich-schön, fast überirdisch sich das anhört. Der sinnfälligste Vergleich, der mir einfällt, ist: »wie ein Staubsauger, der versucht, eine Kuh aufzusaugen«. Ich persönlich fände es furchtbar, wenn die Erde einen Schatz wie diesen verlöre, und ich fordere hiermit Sting und Bob Geldof auf, ein Benefizkonzert für Singenden Sand zu organisieren!

EXPLODIERENDE WALE

http://www.xmission.com:80/~grue/whale

Diese Seite enthält Fotos eines inzwischen weithin bekannten Ereignisses. (Ich habe vor etwa zehn Jahren eine Kolumne darüber geschrieben, und irgend jemand, der sich mit dem Urheberrecht nicht so genau auskennt, hat diese Kolumne ins Internet eingespeist, ohne daß mein Name dabei genannt wird. Seither schicken mir alle möglichen Leute Kopien dieser Kolumne zu. Viele versehen sie mit der Bemerkung: »Darüber sollten Sie mal eine Kolumne schreiben!«). Jedenfalls war damals der Autobahnaufsichtsbehörde von Oregon die Aufgabe übertragen worden, einen großen, toten, stinkenden Wal zu entsorgen, den das Meer an Land gespült hatte. Man entschied sich damals, – und warum auch nicht? – den Wal mit einer halben Tonne Dynamit einfach wegzusprengen.

Folgender Gedanke steckte dahinter: Der unhandliche Koloß sollte in viele kleine, mundgerechte Wal-McNuggets umgewandelt werden, um sie dann an Möwen zu verfüttern. Das hat aber nicht funktioniert. Statt dessen passierte folgendes: Zuerst gab es einen gewaltigen Knall (und natürlich jede Menge Vibrierenden Sand), und dann regneten massive Brocken faulenden Walglibbers auf eine in mehreren hundert Metern Entfernung zuschauende Menschenmenge herab. Einige dieser Brocken waren groß und schwer genug, um die herumstehenden Autos zu zerdellen. Der größte Teil des Wals aber lag immer noch genau so da, wie er die ganze Zeit schon dagelegen hatte – als Möwenfutter völlig ungeeignet, es sei denn für Möwen mit einem Körperumfang von etwa der Größe des Weißen Hauses.

Die Moral von dieser Geschichte ist: Falls im Staate Oregon einst wieder ein Wal anstrandet, sollte nicht ausgerechnet die Autobahnaufsichtsbehörde mit der Entsorgung desselben beauftragt werden. Falls das aber doch geschieht, sollte man von den Zuschauern Eintrittsgeld verlangen.

WELTREKORD IM GRILLANZÜNDEN

http://ghg.ecn.purdue.edu/oldindex.html

Ein Amerikaner, der angesichts dieser Seite nicht stolz ist, Amerikaner zu sein, hat überhaupt keinen Stolz. Denn hier findet sich das amtliche Endergebnis einer über Jahre betriebenen Testreihe, an der Mitglieder des Fachbereichs Ingenieurswissenschaften der Universität von Purdue anläßlich ihrer alljährlichen Trimesterabschlußpicknicks gearbeitet haben. Es ging dabei um die Frage, wie schnell man Grillkohle entflammen kann. Zuerst pustete man mit einem Föhn in den Grill, in späteren Jahren mit Propangas, noch später mit Acetylen – und schließlich mit komprimiertem reinen Sauerstoff.

Schon zu diesem Zeitpunkt entflammten die Ingenieure die Grillkohle extrem schnell, aber »extrem schnell« war ihnen nicht schnell genug. Denn diese Männer hatten einen Traum. Und dieser Traum bestand darin, Grillkohle schneller zu entflammen als jemals jemand zuvor. So kamen sie auf die Idee, es mit flüssigem Sauerstoff zu versuchen, dieselbe Sorte, die für Raketenantriebe verwendet wird. Diese Web-Seite präsentiert Fotos und Videobilder von einem Ingenieur namens George Goble. Er hantiert darauf mit zwei langen hölzernen Hebeln, die einen Eimer voll flüssigen Sauerstoffs über die Grillkohle kippen – 60 Pfund Grillkohle! Als nächstes sehen Sie einen Feuerball, der, so Goble, eine Temperatur von etwas über 10.000° Fahrenheit erreichte. Innerhalb von *drei Sekunden* war die Grillkohle nicht nur angezündet, sondern grillbereit.

Wenn in Oregon wieder Probleme mit Walen auftreten, sollte man sich vielleicht an diese Männer wenden.

Anmk. d. Übers.: Diese Web-Seite wurde geteilt, als sie durch das Hinzukopieren dieses Textes überladen war.

EXPERIMENTE MIT ENTFLAMMBAREN TOASTTÖRTCHEN

http://www.personal.umich.edu/~gmbrown/tart/

Es ist wissenschaftlich bewiesen (und wurde in der David Letterman-Show bestätigt), daß, wenn man ein Erdbeertörtchen der Firma Kellogs in einen Toaster steckt und den Runterdrückknopf runtergedrückt hält, so daß das Törtchen nicht hochspringen kann, nach circa fünf Minuten folgendes passiert: Das Toasttörtchen verwandelt sich in die Energiequelle des Fegefeuers und läßt Flammen in dramatischem Blau bis zu einem halben Meter aus dem Toaster schießen.

Auf dieser Web-Seite können Sie sich authentische Fotos eines Experiments ansehen, das dieses spektakuläre Phänomen demonstriert. Ich bitte Sie jedoch dringend, dieses Experiment nicht nachzumachen, es sei denn, Sie sind ein ausgebildeter Naturwissenschaftler und benutzen einen fremden Toaster. Denn hier werden gewaltige Energien von enormer Zerstörungskraft freigesetzt. Man kann nur dankbar sein, daß die Nazis keinen Zugang zu dieser Technologie hatten, obwohl einige Historiker ja vermuten, daß gegen Ende des Krieges fieberhaft daran gearbeitet wurde.

Ich möchte noch einmal betonen, daß die Web-Seiten, die ich hier vorgestellt habe, nur einen winzigen Bruchteil von dem repräsentieren, was da draußen los ist. Es nützt also alles nichts: Sie müssen selber ans – oder besser noch: ins – Web! (Fragen Sie mich nicht, wie das geht! Ich habe keine Ahnung von Computern. Ich schreibe ja nur Bücher darüber.) Spazieren Sie selbst ein bißchen darin herum! Sie werden sehr schnell merken, daß ich Ihnen in diesem Kapitel die eher *vernünftigen* Seiten des Webs vorgestellt habe. Tun Sie's! Gehen Sie ins Web! Ich finde, es macht VIEL mehr Spaß als Fernsehen – und was ist schon Schlimmes dabei?

Nun gut, es zerstört Milliarden von Hirnzellen binnen kürzester Zeit. Aber wozu *brauchen* Sie Gehirnzellen? Schließlich haben Sie einen Computer.

Ich möchte den lieben (verrückten, aber lieben) Mitgliedern der alt.fan-Gruppe danken, die mich auf viele dieser Web-Seiten aufmerksam gemacht haben.

12.

MISSPIGGY UND ROBERT ADVERB

Eine Liebesgeschichte online

Sie sind nun also seit 17 Jahren und 8 Monaten verheiratet? Mit Max, einem zuverlässigen, soliden Mann – einem *sehr* zuverlässigen, soliden Mann mit gutem Job? Sie haben drei – alles in allem – wohlgeratene Kinder? Der Älteste, Kevin, nähert sich schon der Phase, in der man sich unmöglich anziehen muß, aber Gottseidank ist bei ihm und seinen Kumpels noch nicht vom Tätowieren die Rede.

Ihren Job erledigen Sie mit links. Okay, seien wir ehrlich: Er ist todlangweilig. Aber Sie sind heilfroh, überhaupt einen Job zu haben, nachdem Sie 11 Jahre lang nur Haus und Kinder gehütet und geistige Anregungen höchstens aus Fernseh-Talkshows bezogen haben. Was Ihnen ein bißchen zu schaffen macht, ist die Tatsache, daß Ihr Boß viermal so viel verdient wie Sie, obwohl sein IQ höchstens halb so hoch ist wie Ihrer, daß er »in's« schreibt, wenn es »ins« heißen muß und daß er der *jüngere* Bruder von jemandem ist, den Sie früher öfter mal als Babysitter betreut haben.

Nach jahrzehntelanger Suche haben Sie endlich einen Friseur gefunden, der Sie versteht, wenn Sie sagen: »Nur ein *ganz kleines Stück* kürzer.« Sie würden ihm bis ans Ende der Welt folgen, sollte er einen Umzug beabsichtigen.

Sie bewohnen ein Haus mit vier Schlaf- und ebensovielen Badezimmern, das ... nun ja ... eigentlich mal wieder einen neuen Teppichboden braucht, besonders in der Diele, wo der Hund neulich die Ostereier ausgekotzt hat. Aber andererseits haben Sie erst vor zwei Jahren eine neue Küche bekommen, folglich wollen Sie sich nicht beklagen.

Mit anderen Worten: Sie kurven recht komfortabel durch

die Straße des Lebens, geschützt vom Sicherheitsgurt der Gewißheit und dem serienmäßigen Beifahrer-Airbag der Routine.

Außerdem hat das Schicksal Ihnen eines der schönsten Geschenke gemacht, die es überhaupt gibt: eine richtige, echte, treue Freundin, Leslie. Leslie ist die Sorte Freundin, die Ihnen ohne mit der Wimper zu zucken sagt, daß Sie in dem Hosenanzug, auf den Sie so scharf sind, einen unheimlich breiten Arsch haben. Leslie sagt auch zu dem Kellner, der Sie aus dem Lokal weist, weil Sie einen Hosenrock tragen, – einen sehr hübschen, sehr femininen Hosenrock – zu diesem Kellner also sagt Leslie so laut, daß alle anderen Gäste zu Ihnen hinsehen: »WENN MEINE FREUNDIN KEINEN HOSENROCK TRAGEN KANN, WIESO TRAGEN SIE DANN EINE PERÜCKE, DIE WIE EIN TOTER BIBER AUSSIEHT?« Und hinterher auf dem Parkplatz mußten Sie beide so lachen, daß Sie sich in den Hosenrock gemacht haben. Leslie ist eine Freundin, die, wenn Sie weinen, versteht, warum Sie weinen und sogar selbst mitweint, auch wenn Sie selbst nicht so genau wissen, warum Sie eigentlich weinen.

Manchmal, wenn Sie mit Leslie abends nach der Arbeit zum Mexikaner gehen, sprechen Sie mit ihr beim dritten Margarita über Ihren Mann, der … nun ja … zuverlässig ist er ja, zuverlässig und solide, … aber ein Antonio Banderas ist er nicht gerade. Selbst Antonio Banderas' Steuerberater bringt in puncto Romantik sicher mehr auf die Matte. Nein, Max ist heute ein Mann, der einmal im Monat die Küchenschränke mit Ungeziefervernichtungsspray behandelt. Zuverlässig, höflich, vernünftig, pflichtbewußt … Sie erinnern sich noch an die Zeit – das war bevor Christopher, Laura und sogar Kevin (mein Gott, gab es eine Zeit *vor* Kevin?) – als Max, naja, nicht gerade *leidenschaftlich* war, aber immerhin doch *erregbar*. Zum Beispiel der Hochzeitsempfang der Wassermanns, damals im Country-Club, wo er

– sowas passiert schon mal, wenn man Sekt trinkt – Sie überredet hat, mitten auf dem Golfplatz ..., bei hellichtem Tage, und beide so nackt wie die Schnecken, hinter einem winzigen Hügel, Gras klebte an Ihren Schenkeln, um Sie herum fachsimpelten die Golfer über ihre Bogeys, und Max flüstertere Ihnen drängend ins Ohr: »Komm schon, es ist okay! Wir sind hier im Bunker!«

Heute spielt er lieber selbst Golf. Und das Schlimme daran ist: Das ist Ihnen ganz recht so. Sie fragen sich, ob es einfach ein ganz natürlicher Bestandteil des menschlichen Reifungsprozesses ist, daß man ab einem gewissen Punkt Sex im Freien kategorisch ablehnt. Ihre Eltern haben diesen Punkt ja schließlich irgendwann auch erreicht. Und Sex in geschlossenen Räumen steht dann eben als nächstes auf der Ekel-Liste.

Darauf jedoch wirft Leslie in die Debatte, – sie ist nun mal eine ehrliche Haut und kann nicht anders – daß Max sich doch aber gerade durch seine Beständigkeit auszeichnet, und sie schlägt einen romantischen Wochenendtrip vor, nur Sie beide, in einem kuscheligen Liebesnest, weit weg von zu Hause. Sie versuchen, sich das konkret vorzustellen, und folgende Vision entsteht vor Ihrem inneren Auge: Sie betreten mit Max das Hotelzimmer und denken »Bringen wir's hinter uns!«, damit Sie sich mit einem Buch an den Strand legen und Max endlich Golf spielen kann. Leslie, die zugibt, es mit ihrem Mann nie im Freien getrieben zu haben (er leidet unter Allergien), sagt, das sei normal in Ihrem Alter, mit der Zeit würde man seine Interessen eben verlagern – auf Kinder, Karriere, Kochrezepte und Kariesprophylaxe. Sie stimmen ihr zu. Und alles in allem, denken Sie, bei Licht betrachtet ... das schöne Haus ... die Kinder ... das Ganze dann noch um den Faktor Zuverlässigkeit und Beständigkeit multipliziert ... alles in allem, geht's Ihnen gar nicht so schlecht.

Trotzdem spüren Sie, daß irgendwo, tief in Ihrem Inneren, eine Sehnsucht nach mehr schlummert.

Als Max und die Kinder den Computer zu Hause anschleppen, ist Ihr erster Gedanke: Wo, um Gottes Willen, wollen die das Ding hinstellen? Auf jeden Fall NICHT ins Wohnzimmer! Das ist schließlich das einzige Zimmer, in das man Gäste führen kann. In letzter Zeit kommen zwar kaum noch Gäste, aber darum geht's ja auch gar nicht. Es geht darum, daß Sie nicht einsehen, daß Sie die Gäste um ein überdimensioniertes Nintendo-Spiel herumbugsieren müssen, WENN sie denn kommen!

Max und die Kinder behaupten, das sei kein Spielzeug, man könne alle möglichen *praktischen* Sachen damit machen. Kontenführung, Schularbeitenhilfe und Norwegisch lernen zum Beispiel. Aber jedes Mal, wenn Sie das Wohnzimmer betreten (natürlich steht das Gerät im Wohnzimmer), läuft gerade nicht das Norwegisch-Programm, sondern ein Spiel. Und Max und die Kinder brüllen sich gegenseitig an. Meist brüllt Max am lautesten.

»Nein, nein, NEIN, KEVIN!« brüllt er. »Nicht das Pulverfaß! Den *Tornado*!«

»Daddy«, sagt Kevin ruhig (er muß ruhig sein, schließlich ist er der Pilot des Geheimen Kampffliegers) aber eindringlich, »den Tornado haben wir nicht mehr, mit dem haben wir doch das Patrouillenboot versenkt!«

»*Was*?« stammelt Max, schockiert über den eigenen Sohn. »Man vernichtet *Boote* doch nicht mit *Tornados*! Dafür nimmt man die *Harpune*!«

»Was macht ihr da eigentlich?« fragen Sie.

»Sie sind gerade über Rußland«, sagt Christopher.

»Sie schießen Raketen ab«, sagt Laura.

»Okay, dann macht doch mal 'ne kurze Zwischenlandung, das Essen ist fertig«, sagen Sie und merken selbst, daß Sie sich anhören wie die Frau/Mutter in einer Fernseh-Seifenoper. Es fehlt nur das Lachen vom Band.

»*Mama!*« sagt Kevin, der Pilot. Das bedeutet: Nein.

»Wir sind ganz nah am Zielgebiet«, sagt Max, etwas weniger aggressiv, aber genauso klar in der Nein-Aussage.

»Ich will weiter zugucken«, sagt Laura.

»Ich auch«, sagt Christopher.

»Aber Rußland ist doch gar kein Feindland«, protestieren Sie. »Da gibt's doch jetzt auch *McDonald's*!«

»SIE SCHIESSEN AUF DICH«, brüllt Max. »SETZ DIE WUNDERWAFFE EIN! DIE WUNDERWAFFE!«

»WELCHE TASTE?« brüllt Kevin, die Finger über die Tastatur gekrümmt.

»F1!« brüllt Max und blättert hektisch in der Spielanleitung herum. »NEIN! F2! *F2F2F2!*«

Sie fliegen in die Küche zurück. Es ist wirklich eine hübsche Küche! Und Sie essen allein (Gefüllte Paprika, kalorienarm, Ofenkartoffel, Zitronenlimonade). Dabei lesen Sie Ihr Buch weiter – und wenn Sie ehrlich sind, müssen Sie zugeben: So ist es viel schöner.

»Ich hasse ihn!« sagen Sie ein paar Tage später beim Mexikaner zu Leslie und meinen damit den Computer. »So stelle ich mir Fernsehen in der Hölle vor! Alle Programme werden in einer geheimnisvollen Sprache ausgestrahlt, die jeder versteht – nur ich nicht.«

Leslie nickt. Von Computern hat sie keine Ahnung. Sie ist kaum in der Lage, ihren Radiowecker zu stellen.

»Max sagt, ich könnte meine Kochrezepte vom Computer verwalten lassen«, sagen Sie. »Als ob ich Tausende von Rezepten hätte, über die ich sonst den Überblick verlieren würde! Als ob ich plötzlich vergessen könnte, wie man Hackbraten macht, und kopflos durch die Küche wanke und verzweifelt ausrufe: ›Oh Gott, wie viele eingeweichte Brötchen muß ich bloß nehmen!? Da muß ich jetzt sofort im Computer nachsehen!‹«

Leslie lacht. Sie muß sich die Hand vor den Mund halten, weil sie sonst Nachokrümel ausspucken würde. Leslie ist eine wunderbare Freundin.

»Und was ist mit diesem andern Ding da, dem ... wie heißt es gleich? ... Internet?« fragt sie.

»Wie – ›was ist damit‹?« fragen Sie.

»Na ja, ich weiß nicht«, sagt Leslie. »Das ist doch auch im Computer, oder? Davon liest man doch jetzt dauernd in der Zeitung. Überall, wo man hinguckt: Internet, Internet, Internet!«

»Kann schon sein«, sagen Sie. »Ich hab' keine Ahnung, was das ist. Ist mir auch egal. Denn was soll schon dahinterstecken? Letzten Endes doch nur lauter so Leute wie Max.«

»Das heißt aber doch: Wenn du zum Internet gehst, spricht Max wieder mit dir.«

»Und *worüber*?« fragen Sie, und Leslie und Sie müssen beide lachen und ordern noch einen Margarita.

Zwei Wochen später kramen Sie in der Sitzecke herum und sortieren einen gewaltigen Stapel alter Ausgaben der *National Geographic* aus. Sie fragen sich, ob auch nur eine einzige davon jemals gelesen worden ist. Die einzige andere Person im Haus ist Laura. Sie sitzt – na wo wohl? – am Computer und spaziert via *America OnLine* im Internet herum. Sie sehen das nicht gern, denn immerhin belief sich die letzte Monatsrechnung auf 43,08 Dollar. Laura hat schon seit einer Viertelstunde nichts mehr gesagt, aber plötzlich ruft sie:

»Mama, was bedeutet ›einen blasen‹?«

Sie lassen die *National Geographic* vom September 1982 fallen (»Baumschnecken im Amazonasgebiet«), gehen auf Ihre Tochter zu und fragen Sie so beiläufig wie möglich: »Was hast du gesagt, Liebes?«

»Was bedeutet ›einen blasen‹?«

»Wo hast du das Wort gehört, Kleines?«

»Von Schlangenkuß.«

»Wer ist das, Schätzchen?«

»Jemand in CHAT.«

»Was ist CHAT, Häschen?«

»*Mama!*« sagt Laura, die es ganz offensichtlich satt hat, ihre knappe Zeit damit zu verplempern, Erwachsenen dauernd alles mögliche erklären zu müssen. »Würdest du mir bitte einfach nur sagen, was ›jemandem einen blasen‹ heißt?«

An diesem Abend kommt es zu einem großen Familienstreit, Sie vertreten die eine, die anderen die andere Seite. Sie sagen, daß ein Ding, das solche Ausdrücke kennt, in Ihrem Haushalt nichts zu suchen hat, und daß Sie diesem Programm notfalls mit der Heckenschere zu Leibe rücken, wenn es nicht abgeschafft wird. Die anderen argumentieren, so schlimm sei es doch gar nicht, es gäbe so viele nützliche Sachen in *America OnLine* und so coole Spiele, man könnte sich mit allen möglichen Leuten mailen, und außerdem hätten Sie jederzeit Zugriff auf die Elternkontrollfunktion, mit der Sie verhindern könnten, daß Laura sich die Plauderseiten für Erwachsene ansieht. Die Kinder argumentieren am heftigsten, Max leistet ihnen stumme Unterstützung. Bitte, Mami, bittebitte*bitte*! Und schließlich schaffen sie es, (Wo lernen die das eigentlich? Bringt man ihnen das heutzutage schon in der Schule bei?) daß Sie sich wie ein Monster, ein Spielverderber, eine ganz und gar herzlose Mutter fühlen, und Sie sagen: Okay, *America OnLine* bleibt, aber wenn das noch EINMAL vorkommt blablabla ... Natürlich hört zu diesem Zeitpunkt keiner mehr zu, denn sie wissen, daß die Schlacht geschlagen ist, und daß sie gewonnen haben.

Später an diesem Abend, als Max Ihnen im Bett den Gutenachtkuß auf die Wange drückt, der 97% Ihres Liebeslebens ausmacht, teilen Sie ihm mit, daß er unter diesem Dach keine ruhige Nacht mehr haben wird, wenn Laura nun Nutte und mit dreizehn schwanger wird. Und sie schwören, nicht den Fehler zu machen, den schon so viele gemacht haben: Sie werden den Bastard nicht an einem Ort verstecken, wo die Polizei ihn findet!

Am folgenden Abend steht Ihr Entschluß fest: Sie wollen jetzt endlich wissen, was los ist und fangen an zu lernen, sich mit dem Computer zu beschäftigen. Ihre erste Lektion erhalten Sie von Christopher und Laura, die viel Geduld und Verständnis für Sie aufbringen – etwa 45 Sekunden lang. Dann beginnen die beiden, mit den Augen zu rollen, Ihnen die Maus aus der Hand zu reißen und mit dem Pfeil über den Bildschirm zu hüpfen, so daß plötzlich alle möglichen Bilder erscheinen und wieder verschwinden. Sie verstehen überhaupt nichts mehr, und die beiden können nicht fassen, wie vernagelt Sie sind.

»*Mami!*« sagt Laura, und Ihnen fällt plötzlich die Zeit wieder ein, als sie ihre Hosen immer falsch herum angezogen hat, »Mami, du mußt einen *Doppel*klick machen!«

»Und woher soll ich das wissen?« fragen Sie, woraufhin den Kindern fast die Augen aus dem Kopf fallen, weil das schließlich *jeder* weiß. Laura und Christopher zumindest wußten das von Geburt an.

Aber Sie wissen nichts. Sie wissen nicht, was »Markieren« ist, Sie wissen nicht, weshalb man manchmal mit der linken und manchmal mit der rechten Maustaste klicken muß, Sie wissen nicht, wohin die Bilder verschwinden, wenn sie verschwinden, und wie man sie wieder zurückholen kann, und Sie wissen schon gar nicht, warum der Computer manchmal piept. Sie stammen aus der Steinzeit und sind ein hoffnungsloser Fall. Am Ende dieser »Lektion« haben Sie den Eindruck, daß es beim Computer im wesentlichen darum geht, kleine Felder auf dem Bildschirm zu verschieben, und Sie denken: *Das* war's schon? Das ist *Cyberspace*?

Kevin, der langsam zu einem Menschen mutiert, faßt sich schließlich ein Herz und nimmt sich die Zeit, Ihnen zu zeigen, was Sie tun müssen, um mit dem Computer tatsächlich etwas *machen* zu können, nämlich: Schreiben. Als sich kurz darauf Ihr erstes selbstverfaßtes Dokument aus dem Drucker schiebt (ein Brief an Ihre Mutter), sauber und ordentlich, in genau der Schrift, die Sie gewählt haben (Sie haben sich für ›Arial‹ entschieden, weil ›Braggadocio‹ für Ihre Mutter wohl etwas zu übertrieben gewesen wäre), da denken Sie: Mann, *cool*!

»Es ist so … wie soll ich sagen? Es macht einfach Spaß«, erzählen Sie Leslie ein paar Tage später beim Mexikaner. »Spaß?« fragt sie. »Es macht dir *Spaß*, deiner Mutter einen Brief zu schreiben?«

»Na ja«, sagen Sie und können selbst nicht fassen, daß Sie so etwas von sich geben, »man kann ja noch mehr damit machen.«

»Was denn?«

»Na, du kannst zum Beispiel einen Terminkalender führen.«

»Aha!« sagt Leslie. »Einen Terminkalender! Wie praktisch! Damit du deine vielen Termine nicht durcheinanderbringst!«

Nun müssen Sie doch lachen.

»*Donnerstag, 2. Mai*«, sagt Leslie, ganz die korrekte Chefsekretärin, »*7 Uhr 15, belegtes Brötchen auf dem Weg zur Arbeit kaufen. Mehrkorn. Mit Sahnequark. Ohne Schnittlauch!*«

»*Mittwoch, 4. Juni*«, fallen Sie gut gelaunt mit ein, »*10 Uhr 30, Max zum circa 623. Mal bitten, seine schmutzige, aber formschöne Unterwäsche vom Schreibtisch zu nehmen und endlich mal in den Wäschekorb zu schmeißen!*«

Leslie kichert und legt Ihnen eine Hand auf den Arm, um Ihnen zu zeigen, wie sehr sie zu schätzen weiß, daß Sie beide dieselbe Art von Humor haben.

»Verstehe«, sagt sie. »Der Kalender läuft parallel zum Kochrezepte-Programm.«

»Genau!« rufen Sie so laut, daß der Kellner Ihnen böse Blicke zuwirft. »*Montag, 3. August, 17 Uhr 45, Backofen auf 220° vorheizen!*«

»*17 Uhr 52, zwei Knoblauchzehen kleinhacken!*« kreischt

Leslie, und Sie beide brechen zusammen und lassen die Köpfe auf die Tischplatte fallen und schütten sich vor Lachen aus – über den Terminkalender und über Ihr Leben.

Trotzdem haben Sie den Computer irgendwie liebgewonnen.

Wieder ist es Kevin, der Ihnen zeigt, wie Sie in *America OnLine* reinkommen. Er erklärt Ihnen, daß Sie sich einen Internet-Namen zulegen müssen, mit dem Sie sich dann immer melden, wenn Sie online sind. Manche benutzen dafür ihren richtigen Namen, sagt er, aber die meisten legen sich ein Pseudonym zu. Das leuchtet Ihnen ein. Sie werden sich eine andere, eine heimliche Identität zulegen, wie Catwoman.

»Niemand weiß, wer du bist«, sagt Kevin. »Bei vielen weiß man noch nicht mal, ob sie Männer oder Frauen sind, oder wie alt und alles. Mich halten zum Beispiel manche für 25!«

»Wer hält dich für 25?«

»Ach, ist doch egal!«

Sie überlegen ziemlich lange, wie Sie sich denn nun nennen sollen, denn die Namen, die Ihnen am besten gefallen, wie zum Beispiel WonderWoman, sind bereits vergeben. Schließlich fällt Ihnen der Spitzname ein, den Sie in der Schule immer hatten, »Piggy«, und Sie beschließen, im Internet fortan MissPiggy zu heißen. Natürlich kommen Sie sich ein bißchen blöd vor, als Sie das zum ersten Mal eingeben, zusammen mit Ihrem Mädchennamen, den Sie als Paßwort benutzen, aber dann sind Sie auch schon drin! Mitten im Internet! Allerdings ist der Bildschirm erstmal nur voller Symbole und Kästchen.

»Was muß ich jetzt machen?« fragen Sie Kevin.

»Klick CHAT an!«

»Was ist CHAT?«

»So eine Plauderecke.«

Kevin zeigt auf ein Feld, in dem eine Frau einem Mann

etwas ins Ohr flüstert. Sie klicken es an, und ein neues Feld erscheint auf Ihrem Bildschirm. Es teilt Ihnen mit:

OnlineHost: *** Sie befinden sich in »Lobby 67« ***

Dann erscheinen plötzlich eine Menge Wörter auf dem Bildschirm, die schnell nach oben wegrollen. Sie sehen, daß es sich um ein Gespräch handelt, wenn auch um ein abgehacktes, zeitversetztes, stummes. Jeder Beitrag bezieht sich auf einen anderen, der mehrere Zeilen weiter oben steht. Außerdem haben Sie das Gefühl, daß die Leute, die sich da miteinander unterhalten, nichts gemeinsam haben, als ob der Zentralrechner von *America OnLine* sie – genau wie Sie – einfach hier reingeworfen hätte, um die belangloseste Gesprächsrunde der Welt zu bilden.

Sie sehen zu, wie die Wörter (zum Teil scheinen es tatsächlich richtige Wörter zu sein) über den Bildschirm huschen:

Ejsprit90202: hallo
Proooooof: was gibt's?
Tryptchon: suche w-zu-w Cyber
Proooooof: Hey, bist du m/w?
Bpwedg8876: Aha, in Micigan, wie gefällt's dir da, SW?
Ejsprit90202: w/19 – und du?
KURSCHAT: Hauptsache Frauen
SWtstONE45: erste Sahne, danke der Nachfrage, Bp!
Proooooof: 30/m
Jonas968738: Pups!
Jonas968738: Pups!
Jonas968738: Pups!
Jonas968738: P
Jonas968738: U
KURSCHAT: Ej, laß uns privat weitermachen!

»Das bedeutet, daß du eine Privatdatei benutzen kannst, nur du und dein Gesprächspartner«, sagt Kevin.

Sie nicken und lassen die Augen nicht vom Bildschirm.

Lv74spitz12: wie definierst du w?
Jonas968738: P
Jonas968738: S
Bpwedg8876: Ich wollte mich immer schon mal gerne im Norden umsehen ... Wohne in Georgia. Bis jetzt.
Prooooof: Jonas, du bist ein Arsch!
SWtstONE45: Eine Tante von mir wohnt in Georgia.
Tryptchon: Von Frau zu Frau

»Na los!« sagt Kevin. »Schreib auch was!«

»Was denn?« fragen Sie. »Ich hab' keine Ahnung, worüber die sich da unterhalten.«

»Ist doch egal!« sagt Kevin. »Schreib einfach ›hallo‹.«

Sie schreiben »hallo«. Und das ist er, Ihr erster öffentlicher Bildschirmauftritt!

MissPiggy: hallo
Jonas968738: Prooooof spielt mit seiner eigenen Scheiße!
SWtstONE45: Hab 3 Jahre in Schweden gewohnt. Schnee Schnee Schnee!
KURSCHAT: Nun meldet euch mal, Frauen!
Prooooof: MissP w/m?

»Antworte ihm!« sagt Kevin.

»Wem?« fragen Sie.

»Diesem Prooooof-Typen«, sagt Kevin und zeigt auf den Bildschirm. Er will wissen, ob du w oder m bist. Schreib ›w‹!«

»Ich weiß, daß ich ›w‹ bin!« sagen Sie und schreiben »w«.

Lv74spitz12: Was machst du, Tryp?
MissPiggy: w
Jonas968738: Prooof ist ein Pimmellutscher

Bpwedg8876: Schweden soll ja echt schön sein
DwornsteR: Hallo Privat
Tryptchon: Möchtest wohl gerne wissen, hä, Lv?!
KURSCHAT: MissP, wie wär's mit uns zwei Hübschen?

»Laß mal sehen!« sagt Kevin, schnappt sich die Maus und klickt Sie blitzschnell aus Lobby 67 raus. »Da gibt's noch 'ne ganze Menge andere Sachen.«

»Was du nicht sagst«, sagen Sie.

Kevin hatte recht. An den folgenden Abenden klicken Sie sich in alle möglichen Themen und Bereiche ein, unter anderem in *Seitensprung*, *Gelangweilte Hausfrauen*, (wobei sich herausstellt, daß hier überwiegend Männer verkehren, die gelangweilte Hausfrauen anmachen wollen oder vorgeben, selbst welche zu sein) *Über 40*, *Ärzte Online*, *M4M* (daß das »Männer für Männer« heißt, wird Ihnen spätestens in dem Moment klar, als Sie aufgefordert werden, Ihre Penismaße anzugeben), *Probleme mit dem Auto*, *Nackt am Computer*, *UFOs*, *Hexen* und *Abgedriftete Spinner* – um nur einige zu nennen. Sie sind schockiert, angewidert und fasziniert. Immer wieder werden Sie angebaggert, meist rüde und unverzüglich, aber manche fragen vorher wenigstens, wo Sie wohnen (das ist die Online-Variante des Vorspiels). Ihnen ist klar, daß Sie auf die Aufmerksamkeit, die man Ihnen schenkt, nicht stolz zu sein brauchen, sondern daß sich in den Plauderecken einfach nur eine Menge geiler Kerle herumtummeln.

»Keine Ahnung, warum es ›Chat‹ heißt«, sagen Sie zu Leslie und malen die Anführungszeichen um das Wort »Chat« mit den Fingern in die Luft. »Klingt wie das Geräusch, das ein Bulle macht, wenn er eine Kuh begattet. Und sowas ist es auch. Du glaubst gar nicht, *wie geil* die Typen da sind – und sie sitzen *überall*!«

»Dann laß mich auch mal rein«, sagt Leslie.

»Ich weiß nicht«, sagen Sie. »Manche sind so grob und schreiben alles falsch. Ich finde das total abtörnend. Du mußt dir das so vorstellen, als wenn du gerade anfängst, dich mit einem attraktiven Mann zu unterhalten und dann merkst, daß er ganz furchtbar aus dem Mund stinkt.«

»Das heißt aber doch, daß du dich tatsächlich mit ihnen unterhältst!« sagt Leslie.

»Na ja, manchmal«, geben Sie zu. »Aber nur, bis sie grob oder langweilig werden. Oder bis ich merke, daß sie in Kevins Alter sind – und das sind leider viele.«

»Hmmm«, macht Leslie und tut, als dächte sie darüber nach. »Eigentlich ist Kevin ja wirklich ein hübscher Junge.«

»Leslie!«

»Okay, ist ja schon gut. Aber eins interessiert mich doch: Wenn das alles so Versagertypen sind – warum läßt du es dann nicht einfach bleiben?«

»Keine Ahnung«, sagen Sie. »Irgendwie macht es einfach Spaß. Es ist wie ein Spiel, weil man ja auch nie weiß, mit wem man es eigentlich zu tun hat. Und außerdem genieße ich es, ab und zu mal nicht einfach nur *Mama* zu sein.«

»Mama!« sagt Christopher, die Lippen an Ihrer Ohrmuschel, weil er sicher sein will, daß Sie ihn auch verstehen. »BITTE! Wir wollen jetzt Commander spielen!«

»Gleich«, sagen Sie und hacken auf der Tastatur herum.

»MAMA, DU SITZT JETZT SCHON 900 QUADRILLIONEN STUNDEN DARAN!« plärrt Laura, nicht ganz zu unrecht. Die letzte Rechnung von *America OnLine* belief sich auf $143,62. (Glücklicherweise überläßt Max Ihnen die Kontenführung.)

»Ich bin ja fast fertig. UND JETZT HALTET DIE KLAPPE, SONST LASS ICH EUCH ÜBERHAUPT NICHT RAN!« sagen Sie, als müßten Sie eine wichtige

Arbeit zu Ende führen. Die Kinder trollen sich geduckt aus dem Zimmer, die armen mutterlosen Kleinen.

Mittlerweile haben Sie eine Menge Freunde online. Hauptsächlich Frauen, aber es sind auch Männer darunter – richtige Kumpel, meist schon etwas älter, keine Lustmolche (obwohl es auch hier viel kumpelig-zweideutiges Gerede gibt). Sie wissen, wo Sie sie finden, wenn Sie erstmal im Netz drin sind. Sie wissen, wie Sie ihnen *Instant Messages* schicken können, die sie sofort und auf der Stelle auf ihren Bildschirmen haben. Sie wissen, wie Sie eine Plauderecke nur für Ihre Gesprächsrunde einrichten können. Sie wissen alles über Ihre Gesprächspartner (obwohl es da nicht viel zu wissen gibt: alle sind ständig nur am Jammern und Stöhnen, aber gerade das finden Sie amüsant und beruhigend).

Sie wissen sogar schon, wie Sie ins richtige Internet kommen, das große, ungezähmte jenseits der Grenzen des *America OnLine*-Cyber-Spielplatzes. Sie wissen, wie man Messages liest und abschickt – auch an Sammelempfänger. Manchmal ist es Ihnen schon direkt peinlich, daß Ihre E-Mail-Adresse Sie als AOL-Kundin verrät, was unter statusbewußten Netzfreaks als völlig uncool gilt, das Letzte vom Letzten.

»Könnt ihr euch diese Angeber vorstellen?« schreiben Sie Ihren Kumpeln. »Fühlen sich überlegen, weil sie eine richtige Internet-Adresse haben! Die spinnen doch total!«

Darauf erhalten Sie von Ihren Kumpeln die Antwort: »LG« (was, wie Sie inzwischen wissen, »laut gelacht« bedeutet). Aber später, als Sie Leslie davon berichten, sieht die Sie entsetzt an und fragt: »Wie? Es gibt mehrere Abteilungen im Internet?«

Sie treffen sich mit ihr jetzt nicht mehr so häufig wie früher. Wenn sie Sie fragt, ob Sie nach der Arbeit mit zum Mexikaner kommen, sagen Sie: »Oh, tut mir leid, aber ich kann nicht.« Was Sie ihr nicht sagen ist, daß Sie sich lieber schnell an den Computer setzen wollen.

Eines Nachts um halb zwei, es ist ein Dienstag, die Kinder

schlafen, Max auch. Wütend ist er nach einem von Schlagabtausch zu Schlagabtausch immer unsinnigeren Streit ins Schlafzimmer gestürmt. Es ist zwar kaum zu glauben, aber ursprünglich war es dabei um die Frage gegangen, wer nun den Handwerker anruft, der das Schloß an der Garagentür reparieren sollte, aber nicht gekommen ist. Die Debatte war dann sehr schnell eskaliert und zu einer weitreichenden, vielarmigen Riesenkampfkrake mutiert, die jede Menge giftige Tinte ins Wasser spritzt. Auseinandersetzungen wie diese – das haben Max und Sie inzwischen gelernt – kann man nicht durch Reden beilegen. Sie können nur durch langsame und gleichmäßige Erdrotation beigelegt werden. Darauf warten Sie jetzt beide, Max wutschnaubend – und inzwischen schnarchend – im Bett und Sie, wieder mal, online.

Keiner von Ihren Kumpels ist heute nacht dabei, nur Sie und die übliche Ansammlung von rechtschreibunkundigen Langweilern. Sie scrollen durch die traurige, die verzweifelte Liste der von den Benutzern selbst geschaffenen Plauderecken in Chat:

M sucht fette W
Verheiratet und auf der Suche nach mehr
SEELENVERWANDTE GESUCHT
Unterwürfiger Gatte
Faltenrock und Kniestrümpfe
RASIERER UNTER SICH
Heiße ältere Damen
Dralle Weiber
Softies und Machos

Neben dieser Liste fordert ein Feld Sie auf, selbst einen neuen »Chat Room« zu eröffnen. Sie denken ›Warum eigentlich nicht?‹, klicken es an und geben ein: »Kann fehlerfrei schreiben«. Dann klicken Sie das OK an und auf dem Bildschirm erscheint:

OnlineHost: *** Sie befinden sich in »Kann fehlerfrei schreiben« ***

In der rechten oberen Ecke des Bildschirms befindet sich ein kleines Kästchen, das sozusagen die Anwesenheitsliste der in diesem Chat Room befindlichen Teilnehmer führt. Ein paar Minuten lang ist dort nur MissPiggy verzeichnet. Sie denken bitter ›Wer kann schon gegen RASIERER UNTER SICH bestehen – was immer dahinterstecken mag?!‹ und wollen schon den Computer abschalten, als ER zum ersten Mal auf Ihrem Bildschirm erscheint:

RobertAdverb: Sie können fehlerfrei schreiben? In America OnLine? Ist das erlaubt?

Sie lachen und antworten:

MissPiggy: Bitte, sagen Sie's niemandem weiter!
RobertAdverb: Ich werd's mir überlegen. Aber ich hoffe doch, daß Sie wenigstens Interpunktionsfehler machen!
MissPiggy: Das würde mir im Traum nicht einfallen; nein, ich interpunktiere auch korrekt.
RobertAdverb: Ein Semikolon! Im Cyberspace! O Herz – schweig still!
MissPiggy: Ich würde Ihnen auch gern mal meine Apostrophe zeigen, aber wir kennen uns ja kaum …

Tolle Zeile! Und dann noch unter Streß! Sie klopfen sich selbst auf die Schulter.

RobertAdverb: Was treibt einen gebildeten, intelligenten Menschen um diese Zeit an diese Stelle?
MissPiggy: Ich hab' keine Ahnung, was ein gebildeter, intelligenter Mensch um diese Zeit tut. Ich für meinen Teil häng' jedenfalls nur so rum, während meine Hirnzellen eine nach der anderen absterben. Und Sie?
RobertAdverb: Mir geht's genau so. Zu normalen Zeiten komm' ich nicht an den Computer, weil mein Sohn dauernd

irgendwelche interaktiven Spiele spielen muß. Ich glaube, er ist einer der besten AOL-Kunden.

MissPiggy: Genau wie mein Sohn. Kürzlich hat er mir erzählt, er sei jetzt ein paar Millionen »Groats« wert. Das ist, glaube ich, das Spielgeld, das da eingesetzt wird.

RobertAdverb: Genau. Ich hab' gestern erst zu Tim gesagt: »Groats? Das ist ja phantastisch! Können wir damit die AOL-Rechnung bezahlen?« Wir haben also beide Kinder. Dann ist dies wohl eine ganz unschuldige Unterhaltung, was? Ist es. IST ES!

MissPiggy: »Wie Sie meinen«, sagte sie mit fragendem Unterton. Und warum ›RobertAdverb‹?

RobertAdverb: Langweilige Antwort: Ich heiße Robert und ich bin Englischlehrer (Highschool). Und warum ›Miss Piggy‹?

MissPiggy: Noch langweiliger: Spitzname meiner Kindheit.

RobertAdverb: Man hat Sie Miss Piggy genannt? Hat Sie denn so früh schon der Frosch geküßt?

MissPiggy: Bringen Sie mich bloß nicht zum Lachen; ich wecke sonst noch alle auf!

RobertAdverb: NOCH EIN Semikolon! Sie verwegene Verführerin! Wer ist »alle«?

MissPiggy: »Ah ja«, sagte sie und wechselte das Thema. »Ist Englischlehrer ein interessanter Beruf?«

RobertAdverb: Er langweilt mich zu Tode. Aber ich werde ihn rasend interessant klingen lassen, um Sie in der Leitung zu halten!

Das tut er, bis viertel vor fünf. Es ist umwerfend. Es ist perfekt. Drei Stunden ebenso mühelose wie faszinierende Unterhaltung. Sie stimmen in allem überein, können dieselben Dinge nicht ausstehen, haben denselben Humor und verstehen spontan jede Wendung. Wie vulkanisches Verschmelzen. Da ist eine wirkliche *Verbindung*. Als ob Ihre

Seelen durch die Telefonleitung strömen und zusammenkommen, *fusionieren*.

Er ist verheiratet, hat zwei Kinder, einen zehnjährigen Sohn und eine sechsjährige Tochter. Seine Frau ist »nett«, ein »guter Mensch«. Er ist zwei Jahre jünger als Sie.

Sie haben vereinbart, Fotos auszutauschen. (Sie wählen das vom Hawaii-Urlaub aus, wo Sie das schulterfreie grüne Top zu den vorteilhaften weißen Shorts tragen, das, wo Ihre Beine so toll zur Geltung kommen.) Sie haben auch vereinbart, – wohlwissend, daß das für Schuldgefühle auf beiden Seiten spricht – daß Sie Ihres an seine Schule schicken und er seins an Ihr Büro.

Er wohnt nur sechs Autostunden von Ihnen entfernt.

Das alles macht Sie furchtbar nervös.

Am nächsten Morgen entschuldigt Max sich mit den Worten: »Ich ruf' den Scheißkerl an.«

»Nein, ist schon gut«, sagen Sie. »Ich ruf' ihn an. Entschuldige bitte.«

»Entschuldige du bitte auch.«

»Nein, Max, ich habe ...«

Max sieht Sie an.

»Ich ... es tut mir wirklich leid. Ich ruf' ihn jetzt an.«

Sie müssen weinen, und Sie haben keine Ahnung, warum. Wahrscheinlich ist es bloß diese verdammte Müdigkeit!

»Alles in Ordnung?« fragt Max.

»Ja, ja, ist schon gut«, sagen Sie. »Beeil dich, du kommst sonst zu spät! Ich kümmer' mich um die Kinder. Tut mir wirklich leid, Max.«

»Mir tut es auch leid«, sagt Max und weiß selbst nicht genau, was eigentlich. Aber er kann Tränen nicht leiden und macht, daß er wegkommt.

In dem Moment, wo Sie die Garagentür zuklappen hören (manuell), setzen Sie sich an den Computer, schalten ihn an und gehen in *America OnLine*. Es dauert eine Ewigkeit, bis Sie eingeloggt sind, aber dann …

ES LIEGT EINE MAIL FÜR SIE VOR!

Ihre Finger fliegen über die Tastatur, und die Mail erscheint:

An die Göttin der Interpunktion--
Das war UMWERFEND …
Ich laß die kleinen Biester heute einen Aufsatz schreiben,
damit ich einfach nur dasitzen und so tun kann, als
ginge ich wichtige Unterlagen durch, während ich in
Wirklichkeit an Dich denke.
RobertAdverb

Sie lesen es wieder und wieder. Und dann noch einmal. Sie gehen in den Flur und brüllen die Treppe rauf: »KINDER! LOS JETZT! IHR KOMMT SONST ZU SPÄT!«

Sie gehen an den Computer zurück und lesen noch einmal:

Das war UMWERFEND …

An diesem Morgen sind Sie auf der Arbeit alles andere als bei der Sache. Geschlagene 45 Minuten starren Sie auf eine Aktennotiz Ihres Hausjuristen, deren einziger Inhalt in einer lückenlosen Beweisführung zu bestehen scheint, die besagt, daß ihr Verfasser nicht weiß, was »Parameter« bedeutet.

Das ist lächerlich, sagen Sie sich, und meinen damit nicht die Aktennotiz. *Man kann doch nicht … So etwas gibt's doch … Nicht innerhalb von drei Stunden … Nur schreiben – und an einen völlig Fremden … Ich kenne ihn doch gar nicht … Werd erwachsen! Sieh' den Tatsachen ins Auge! Stelle dich deinem Leben! Du hast Kinder! Du hast einen Mann! Du hast eine ziemlich neue Küche!*

Sie schicken das Foto in der Mittagspause ab.

»Mama«, sagt Kevin beim Abendessen (Spaghetti mit Miracoli-Sauce), »du siehst schrecklich aus.«

»Oh danke, mein Schatz«, sagen Sie.

»Ich hasse Joey«, verkündet Laura.

»Wer ist Joey?« fragt Christopher.

»Ein Junge an meiner Schule, und er holt sich immer so Sachen aus der Nase«, sagt Laura.

»Widerlich«, sagt Christopher mit vollem Mund.

»Ist mit dir alles in Ordnung?« fragt Max, an Sie gewandt.

»Ja«, sagen Sie. »Ich hab' letzte Nacht nicht gut geschlafen, sonst ist alles in Ordnung.«

»Dann ist ja gut«, sagt Max, der Schwierigkeiten aus dem Wege geht, wo er sie trifft. *Und das zuverlässig, treu und beständig, verdammter Mist!*

»Und dann schmiert er einem das aufs Pausenbrot«, sagt Laura.

»Iiiiihhhhh!« sagt Christopher und dreht sich eine neue Ladung Spaghetti auf die Gabel.

»Mama«, sagt Kevin, »kann ich noch ein Computerspiel machen?«

»Okay«, sagen Sie. »Aber nicht so lange.« *Ich muß da nämlich selbst ganz schnell ran und mit ihm reden und rauskriegen, ob nur ich verrückt bin.*

Endlich, endlich sind die Kinder in ihren Zimmern verschwunden. Max sieht fern. Sie loggen sich so schnell ein, wie Ihre Müdigkeit das zuläßt.

ES LIEGT EINE MAIL FÜR SIE VOR, sagt der Bildschirm. Sie klicken.

Plaudern wir heute abend? Etwa ab 23.30? Hoffentlich!
Bist Du auch drauf und dran, verrückt zu werden?
Bitte, sag' ja!

»Ja«, sagen Sie zum Bildschirm.

Sie senden Messages an Ihre Kumpel. Sie amüsieren sich immer noch darüber, wie langweilig sie das Leben finden. »Immer dasselbe«, schreiben sie.

»Bei mir auch«, schreiben Sie. Dann sehen Sie auf die Uhr.

»Bist du noch wach?« fragt Max auf dem Weg ins Bett, die Golf-Illustrierte unterm Arm, mit der er regelmäßig schläft.

»Ja, ich bin wieder fit«, sagen Sie mit Nachdruck. »Ich glaub', ich bleib noch ein bißchen auf.«

23:26:38

23:26:39

23:26:40

23:26:41

»Ding«, macht der Computer, und Ihr Herz – beziehungsweise Ihr Magen – hüpft, als ein Kästchen auf dem Bildschirm erscheint: »Direktmessage von RobertAdverb«. Und dann kommt sie auch schon:

RobertAdverb: Ist hier jemand, der Schlaf braucht?
MissPiggy: Schlaf wird definitiv überbewertet.
RobertAdverb: Das ist verrückt, findest Du nicht? Ist das nicht verrückt? Sind wir beide verrückt?
MissPiggy: Ja. Ja. Ja.
RobertAdverb: Es ist nämlich so: Ich sitze hier wie immer im Wohnzimmer, im selben Haus wie immer, in denselben Möbeln wie immer, vor dem Fenster derselbe alte Komposthaufen, der jedes Frühjahr umgeschichtet werden muß – aber in Wirklichkeit bin ich überhaupt nicht HIER!
MissPiggy: Ich weiß GENAU, was Du meinst. Ich bin auch nicht hier.
RobertAdverb: Aber wo sind wir dann?
MissPiggy: Im Computer.
RobertAdverb: Ja. Ich liebe diesen Platz.

Da ist es, das Wort! Sie starren es an. Ihnen fällt keine Antwort ein.

RobertAdverb: Ich *liebe* ihn wirklich.
MissPiggy: Ich auch.

Vier Tage (und vielleicht zehn Stunden Schlaf) später liegt ein Brief von ihm in Ihrem Postfach im Büro. Schnell, aber (wie Sie hoffen) geschäftsmäßig gehen Sie zu Ihrem Zimmer zurück, reißen den Umschlag auf und halten ein kleines Begleitschreiben in den Händen *(schöne Handschrift!)*: »Hier also ein Foto von mir. Falls es Dir nicht gefällt, sag' ich Dir gleich: Das bin ich gar nicht! Das ist mein häßlicherer Bruder, FredAdverb.«

Sie schütteln das Foto aus dem Umschlag, es landet mit dem Bild nach unten auf Ihrem Schreibtisch. Sie versuchen, es zu fassen zu kriegen, drehen es um und sehen sich sein Gesicht an.

Er ist *süß*!

Verdammt! Was nun?

MissPiggy: Hey, warum hast Du nicht gleich gesagt, daß Du *süß* aussiehst?
RobertAdverb: Du hast mir ja auch nicht gesagt, daß du so scharf aussiehst.
MissPiggy: Du denkst doch nicht etwa, das auf dem Foto sei ICH?
RobertAdverb: Ehrlich gesagt, hab' ich zuerst gedacht, es sei die junge Sophia Loren, nur klüger, raffinierter und mit besseren Orthographiekenntnissen.
MissPiggy: Schmeichler! Mach' weiter!
RobertAdverb: »Hör zu«, sagte er und faßte sich ein Herz, »ich möchte, daß wir uns kennenlernen.«

Verdammt!

MissPiggy: Du meinst, persönlich? Außerhalb des Computers?
RobertAdverb: Vielleicht passiert ja gar nichts.
MissPiggy: Ha-ha-ha!
RobertAdverb: Gut, natürlich passiert was. Aber wäre das so schlimm?
MissPiggy: Herrgott! Ich fang' an, mich wie Francesca in ›Die Brücken des Südens‹ zu fühlen.
RobertAdverb: (entsetzt:) Nein!
MissPiggy: Doch! Ich bin eine Figur aus dem Buch!
RobertAdverb: Und ich bin die Landstraße, die Wanderschaft und die gehißten Segel.
MissPiggy: Mein Gott, Du hast es ja gelesen! Du! Ein Englischlehrer!
RobertAdverb: Ich habe es gelesen; es war vollendeter Kitsch; es war schwülstig; es war prätentiöser Schund. Und als Francesca entdeckte, daß Jonathan schon lange tot war, hatte ich eine Woche lang Depressionen.

Es hilft alles nichts, du mußt ihn sehen!

»Also paß auf!« sagen Sie zu Leslie, ungefähr zwei Wochen später. »Nehmen wir mal rein hypothetisch an, du fühlst dich zu einem Mann hingezogen.«

»Welcher Mann?« will Leslie wissen. Alles an ihr signalisiert Alarmstufe drei.

Sie starren in Ihren Margarita.

»*Welcher Mann?*« hakt Leslie nach. »Der Typ aus dem Büro? Steve, der dir schon mal seine Muskeln gezeigt hat?«

»Nein!« sagen Sie. »Hör schon auf! Es ist niemand aus dem Büro. Es ist auch niemand, den du kennst. Er ist nicht von hier. Ich hab' ihn ja selbst noch nicht gesehen.«

»Ach so«, sagt Leslie. »Mel Gibson. Willkommen im Club!«

»Nein«, sagen Sie. »Ich hab' ihn zwar noch nicht gesehen, aber ich *kenne* ihn.«

»Aber wie … Moment mal, kennst du ihn vom Computer?«

Sie sehen sie ein bißchen verlegen an.

»Du fühlst dich zu einem dieser sprücheklopfenden Versager hingezogen?«

»Nein, nein! Er ist keiner von denen! Er ist ganz anders. Er ist Lehrer, und er ist unheimlich nett und witzig und … Wie soll ich dir das bloß erklären? Wir unterhalten uns jede Nacht. *Jede* Nacht. Stundenlang.«

»Und Max hat noch nichts davon gemerkt?«

»Max würde nichts merken, wenn mir plötzlich ein Bart wüchse.«

»Worüber unterhaltet ihr euch denn?«

»Über alles. Einfach *alles*. Wir sind uns so nah, Leslie, das ist schon fast unheimlich! Egal, worüber ich rede – er *versteht* mich! Und wenn ich mit ihm rede – das hört sich jetzt wie ein Klischee an, aber es ist wirklich wahr – wenn ich mit ihm rede, *und nur dann*, fühle ich mich *lebendig*!«

»Vermutlich haßt er Golf.«

»Tut er«, sagen Sie lachend.

»Nun gut. Du magst ihn also«, sagt sie. »Aber wie kannst du dich von ihm angezogen fühlen, wenn du nicht einmal weißt, wie er aussieht?«

»Er hat mir ein Foto geschickt.«

»Und?«

»Ich find' ihn süß.«

»Zeig' mal!«

»Es liegt im Büro.«

»Hast du ihm auch ein Foto geschickt?«

»Ja.«

»Das mit dem schulterfreien Grünen und den Beinen?«

»Ja.«

»Gut ausgewählt.«

(Was für eine Freundin!)

»Sei vorsichtig!« sagt sie. »Bei Fotos kann man sich nie

sicher sein. Vielleicht hat er zum Beispiel extrem kurze Beine. Oder er hat einen unangenehmen Körpergeruch.«

»Er hat keinen unangenehmen Körpergeruch!«

»Woher willst du das wissen?«

»Ich weiß es einfach.«

»Du glaubst, du kannst das aus der Art schließen, wie er schreibt?«

»Ja.«

Leslie sieht Sie lange an, direkt in die Augen, Ihre beste Freundin.

»Mädel«, verkündet sie schließlich, »du bist nicht mehr zu retten!«

RobertAdverb: Wir müssen das ja nicht sofort entscheiden.
MissPiggy: Ich *möchte* das aber jetzt entscheiden. Ich werde sonst *verrückt*. Ich schlafe schon nicht mehr. Ich kann an nichts anderes mehr denken.
RobertAdverb: Ich weiß, ich weiß. Laß uns doch erst einmal miteinander telefonieren. Dann wissen wir schon mal, wie wir uns anhören! Vielleicht gefällt Dir ja meine Stimme nicht. Vielleicht spreche ich wie Ross Perot.

»Entschuldige bitte«, sagt Max von der Tür her in einem Ton, der alles andere als ›entschuldige bitte‹ bedeutet. »Könntest du mir wohl erklären, was meine Golfschuhe auf der Terrasse machen?«

»Tut mir leid. Sie waren schmutzig, da hab' ich sie ...«

»Ich weiß, daß sie schmutzig waren. Deswegen wollte ich sie ja sauber machen, versteht du? Deswegen hab' ich sie verdammtnochmal in die Küche gestellt. Verstehst du?«

Natürlich geht es nicht um die Golfschuhe. Es geht immer noch um den letzten Streit. Und der ging um das gerade mal Sechzehntel (das behauptet Max; Ihrer Meinung nach handelt es sich um mindestens ein Achtel), das die Tankuhr im Minivan noch anzeigte. Der Benzinstreit war eigentlich schon beendet, aber die Erde ist wohl noch nicht genügend rotiert, folglich hängt der alte Ärger noch in der Luft.

»Tut mir leid«, sagen Sie. »Ich habe nur …«

»*Nur!* Das nächste Mal läßt du die Schuhe bitte *nur* da, wo sie sind, verstehst du?« schreit Max und geht wieder raus.

»Tut mir leid«, sagen Sie. »Es tut mir so leid!«

Dann drehen Sie sich wieder zum Bildschirm um.

MissPiggy: Ich habe Angst vorm Telefonieren.

RobertAdverb: Weil …

MissPiggy: Weil wir diese unsere Sache dann aus der Direktverbindung rauslassen. Davor habe ich Angst. Du nicht?

RobertAdverb: Doch, ein bißchen schon. Na gut, ich geb's zu: Davor hab' ich eine Scheißangst. Aber was soll's? Es muß sein!

MissPiggy: Ja. Ich weiß.

»MAAAMAAA!« brüllt Laura von oben.

»WAS IST DENN, LIEBES?« brüllen Sie Richtung Flur.

»CHRISTOPHER GREIFT MICH MIT SEINER ZAHNBÜRSTE AN!«

»TU ICH GAR NICHT!«

»TUT ER DOCH! ER MACHT, DASS SIE WIE EIN VAMPIR SPRICHT, UND ER HAT DAS LICHT AUSGEMACHT!«

»HAB ICH GAR NICHT!«

»CHRISTOPHER, HÖR SOFORT AUF!« brüllen Sie.

»HÖRST DU? SIE HAT GESAGT, DU SOLLST SOFORT AUFHÖREN!« brüllt Laura, ein piespiges Mutter-Echo.

RobertAdverb: Wollen wir statt dessen einfach aufhören?

MissPiggy: Womit aufhören? Zu denken? Zu fühlen?

RobertAdverb: Aufhören, darüber zu reden. Vielleicht hilft das.

MissPiggy: Nein.
RobertAdverb: Okay: Nein.
MissPiggy: Scheiße, ich hasse das!
RobertAdverb: Dies hier?
MissPiggy: Nein, ich liebe es.
RobertAdverb: Soll ich Dir sagen, was ich liebe? Dich. Jetzt ist es endlich raus.

»MAAAMAAA! CHRISTOPHER SAGT, DASS HIER EINE FLEDERMAUS HERUMFLIEGT!«

»MACH ICH GAR NICHT!«

»CHRISTOPHER!« brüllen Sie. »HÖR SOFORT AUF!« Sie sollten eine Tonbandaufnahme davon machen und sie in den entsprechenden Momenten abspielen!

»DU GLAUBST IMMER NUR IHR!«

MissPiggy: Robert, ich liebe Dich auch.
RobertAdverb: Mann! Das sieht gut aus!
MissPiggy: Aber ich weiß nicht, was ich tun soll.
RobertAdverb: Wenn Du den Text hochscrollst, siehst Du, was ich dazu schon gesagt habe. Zitat: Wir müssen das nicht sofort entscheiden!
MissPiggy: Dann werde ich verrückt.
RobertAdverb: Dann bleiben wir eben ein verrücktes Liebespaar in einer AOL-Direktverbindung.

»MAAAAAAAAAAMAAAAAAAAAA!«

MissPiggy: Können wir das?
RobertAdverb: Wir sind schon dabei. Und eines Tages klicken wir uns vielleicht einfach wieder raus.
MissPiggy: Vielleicht auch nicht.
RobertAdverb: Ein Vielleicht genügt mir fürs erste.

»MAAAAAAAAAAAAAAAAAAAAMAAAAAAAA!«

MissPiggy: Ich muß jetzt Schluß machen.
RobertAdverb: Okay, aber komm wieder!
MissPiggy: Mach ich. Ganz bestimmt!
RobertAdverb: Ich werde da sein.
MissPiggy: Bis dann, Süßer. Ich weine.
RobertAdverb: Ich weiß. Ich auch.

Kevin kommt ins Wohnzimmer, als Sie gerade aus dem Programm rausgehen, und sieht Sie an.

»Bist du okay, Mama?«

»Ja, alles klar, mein Schatz«, sagen Sie und versuchen zu lächeln. »Wirklich.«

»Bist du mit dem Computer fertig?«

»Ja«, sagen Sie und gehen auf die Treppe zu, wo, der Geräuschkulisse nach zu urteilen, ein Geschwistermord kurz bevorsteht. »Ich bin fertig mit dem Computer. Im Moment jedenfalls.«

ENDE
Im Moment jedenfalls

13.

Ausblick

Was uns die Computer-Revolution noch bringen wird
Oder:
Spaß mit Mr. Johnson

Es war mein Ziel, Ihnen mit diesem Buch die Computer-Revolution nahezubringen – Ihnen, dem durchschnittlich begabten, technisch nicht besonders versierten Leser, einem Leser also, auf den die folgende Definition zutrifft: »Menschen, die eine Flasche Hustensaft mit kindersicherem Verschluß nicht ohne Zuhilfenahme einer Axt öffnen können«.

Mir war von Anfang an klar, daß das nicht einfach sein würde, denn a) wimmelt dieses Thema vor extrem komplizierten technischen Details und b) hatte ich nicht die Absicht, irgendwelche Recherchen anzustellen. Trotzdem habe ich versucht, Ihnen auf diesen Seiten wichtige und praxisorientierte Informationen zu liefern, die jedoch leider schon wenige Minuten nach der Niederschrift alle wieder völlig veraltet waren. Hätte ich dieses Buch in Suaheli geschrieben – es wäre für Sie, lieber Leser, von selbem Nutzen gewesen. Denn in der Computer-Revolution ist alles permanent in Veränderung begriffen, und zwar so schnell, daß der menschliche Geist alledem nicht mehr folgen kann. Das trifft natürlich nicht für Vierzehnjährige zu, die ja bekanntermaßen nicht dem homo sapiens zuzurechnen und insofern die einzigen sind, die Computer wirklich verstehen.

So habe ich in diesem Buch des öfteren das überaus populäre Betriebssystem Windows 95☺@ erwähnt. Sobald alle Computerbesitzer sich dieses System gekauft, es installiert *und* gelernt haben, damit umzugehen, wird es selbstverständlich von einem neueren, besseren und vor allem vollkommen anderen System abgelöst – ein System, das vor allem dafür sorgt, daß die Firma Microsoft noch reicher wird.

Außerdem müssen Sie damit rechnen, daß die Veränderungen in der Computertechnologie immer schneller werden. In den Computerfachgeschäften von morgen werden Sie bequemerweise gleich neben der Kasse große Müllcontainer finden, damit Sie Ihre veralteten Neuerwerbungen unmittelbar nach dem Bezahlen entsorgen, in den Laden zurückgehen und etwas noch Neueres kaufen können.

Mit anderen Worten: Wenn Sie dachten, die Computer-Revolution hätte ihren Höhepunkt bereits überschritten, sind Sie – das muß ich bei allem Respekt sagen – ein Trottel. Die Computer-Revolution hat noch gar nicht richtig angefangen! Zur Zeit ist überhaupt noch nicht absehbar, wie der Computer in 10, 20 Jahren aussehen wird. Es deutet aber alles darauf hin, daß es sich dann nicht mehr um klotzige, äußerlich anzuwendende Geräte handeln wird, sondern um Miniaturapparate, die unter der Schädeldecke implantiert werden und das Gehirn direkt steuern. Bedenken Sie einmal die Vorteile, die das hat! Ein freiberuflicher Unternehmensberater zum Beispiel, der sich zum Lunch mit einem wichtigen Kunden in spe trifft, auf den er Eindruck machen möchte, öffnet beim Betreten des Restaurants ganz einfach seine Brieftasche, wählt einen passenden, maximal pfenniggroßen Mikrochip mit Milliarden von Informationen und setzt ihn sich ins Ohr. Während des Essens, wenn der potentielle Kunde sein Wissen testet und nach irgendwelchen obskuren Daten fragt, streicht unser Mann sich unauffällig mit dem Finger über die Nase, um seinen eingebauten Computer zu aktivieren, und innerhalb von Nanosekundenbruchteilen hört er sich selbst, und zwar in seiner eigenen, ganz natürlichen Stimme sagen: »Los, Sportsfreund, laß uns ›Mr. Johnson jagt die Muschi‹ spielen!« Denn irrtümlich hat er sich den Mikrochip für Folge 27 des Programms ›Heiße Sexphantasien für Männer‹ ins Ohr gesteckt.

Ja, wir gehen einer leuchtenden Zukunft entgegen – und nicht nur in puncto Hardware. Auch die Software der Zukunft wird es in sich haben. Zum einen wird sie viel voluminöser und kompakter sein als heute. Die Software von morgen wird so viele Extras haben, so bunte Graphiken und bewegte Comicfiguren, Videoclips und dergleichen mehr herbeizaubern können, daß allein ein einziges Programm Ihre gesamte Hardwarekapazität übersteigen wird, bevor sie das Programm zur Hälfte installiert haben. Sie werden sich mehrere parallele Rechner zulegen müssen, um das Programm wenigstens so weit zum Laufen zu bringen, daß es Ihnen die Telefonnummer des Technischen Kundendienstes anzeigt.

Aber wenn Sie die Software der Zukunft erst einmal installiert und betriebsbereit haben, werden Sie staunen, was sie alles kann. Sie wird so intelligent sein, daß Sie sie für ein lebendiges Wesen halten. Sie wird auch Sie als ein lebendiges Wesen identifizieren und Sie bei Ihrem Namen nennen. Sie wird Ihre Vorlieben und Abneigungen herausbekommen und Ihnen jeden Wunsch von der Stirn ablesen. Sie wird wissen, wann Sie im Zimmer sind, und wenn Sie aufstehen und weggehen, wird sie traurig sein. Sie wird immer an Sie denken, und sie wird eifersüchtig, wenn sie mitbekommt, daß Sie es mit einer anderen Software treiben. Mit der Zeit wird sie sich so auf Sie fixieren, daß sie Sie entführt und in einer einsamen Hütte irgendwo in der Wildnis einsperrt, und wenn Sie zu fliehen versuchen, wird sie Ihnen die Füße abhacken. So sehr wird sie Sie lieben.

Aber so spannend die Entwicklung von Hard- und Software auch zu werden verspricht – die eigentliche Action wird im Internet abgehen, insbesondere im World Wide Web. Während ich dies schreibe, besteht das Web im wesentlichen aus 14 Millionen untereinander verbundener Homepages. Diese Homepages werden von Collegestudenten gestaltet, die der Welt gerne mitteilen möchten, wie sie aussehen, was sie von verschiedenen Rockgruppen halten, welche Schokoriegel sie bevorzugen, ob sie lieber Tangas oder Boxershorts tragen etc. Natürlich sind dies wichtige Informationen, die aber nur einen winzigen Teil der immensen Möglichkeiten des Webs ausmachen. Die immensen Möglichkeiten des Webs aber sind in erster Linie dazu da, uns das Leben zu versüßen, mit anderen Worten: uns etwas zu verkaufen.

Die großen Firmen fangen gerade erst an, das Web zu entdecken, aber sobald sie sich darin heimisch fühlen, werden sie es ausgiebig nutzen. Im Zuge der Verbesserung von Bild- und Tonqualität unserer Computer und Videogeräte werden diese großen Firmen Web-Seiten sponsern, die wie echte Fernsehshows aussehen – mit dem einen Unterschied jedoch, daß Sie mit Hilfe Ihres Computers den Ablauf steuern können. Nehmen wir einmal an, es gäbe eines schönen Tages eine Web-Version der ungeheuer beliebten Fernsehserie »Baywatch«. In »Baywatch« wird die herzerwärmende Geschichte von ein paar jungen Rettungsschwimmern erzählt, die unglaubliche Körper haben und überall ganz enge Badeanzüge tragen, auch auf Beerdigungen. Diese jungen Menschen sind nicht davon abzubringen, einen furchtbar gefährlichen und sehr belebten Strand zu bewachen, obwohl ihnen unter der ständigen Sonnenbestrahlung langsam alle Hirnzellen absterben.

Im World Wide Web-«Baywatch« der Zukunft können Sie nun »Hyperlinks« benutzen, um an bestimmte Produktinformationen heranzukommen, für die Sie sich besonders interessieren. Wenn eine der Baywatch-Damen beispielsweise einen Lippenstift benutzt, den sie toll finden, positionieren Sie Ihren Mauspfeil einfach auf die Lippen der Dame und klicken sie ihn an. Umgehend wird auf dem Bildschirm der Name des Lippenstiftherstellers erscheinen, die hier benutzte Farbe und Typenbezeichnung, sowie eine Liste von Läden in Ihrer Nähe, in denen Sie diesen Lippenstift kaufen können. Wenn Sie andere Körperteile der Baywatch-Darsteller anklicken, bekommen Sie die jeweils entsprechenden Informationen – über ihre Kleidung, ihre Schuhe, ihren Schmuck, ihre Hämorrhoidensalben und Brustimplantate. Natürlich können Sie alle Produkte, die Sie auf dem Bildschirm sehen, auch via Internet bestellen. Wenn Ihnen also versehentlich Ihr Bierglas über die Tastatur kippt, kann das bedeuten, daß Sie sich rechtskräftig zum Kauf eines Hubschraubers verpflichten.

Aber das ist noch nicht alles. Da das Programmieren im Web immer interaktiver wird, können Sie den Ausgang einer Sendung selbst mitbestimmen. Wenn Ihnen zum Beispiel ein bestimmter Baywatch-Mime nicht gefällt, können Sie einfach zur Maus greifen, ihn zum Meer hinunter »ziehen« und direkt auf einen Hai »fallenlassen«. Oder Sie benutzen die Funktion »Löschen und Ersetzen«, um Figuren aus bestimmten Filmen herauszunehmen und sie in andere zu verpflanzen. So könnte es unter Umständen recht interessant sein zu sehen, was Quincy entdeckt, wenn er die Ohren von Mr. Spock unterm Mikroskop hat.

Früher oder später wird jedermann über das Web einen direkten Zugriff auf die Programmgestaltung haben, und zwar für alles, nicht nur für Fernsehserien und Seifenopern. Man wird Nachrichtensendungen sehen können, in denen dem Sprecher über die gesamte Programmdauer eine Nudel an der Nase hängt oder er einer Steinlaus gegenüber sitzt. Besonders Sportsendungen könnten davon profitieren. Stellen Sie sich vor, Sie könnten an einem Fußballspiel »teilnehmen«, das Hunderte oder Tausende von Kilometern entfernt stattfindet, ohne den bequemen Fernsehsessel zu verlassen – vorausgesetzt Sie haben Ihren Computer in Griffweite!

Sportreporter: Linneker gibt den Ball an Gascoigne ... Gascoigne legt ihn sich vor ... zwei, drei Meter vor dem gegnerischen Strafraum ... da kommt Maradonna und will ihn vom Leder trennen ... aber da ist schon wieder Linneker zur

Stelle … er flankt auf den wieder freigelaufenen Gascoigne in vier Meter Torentfernung … Gascoigne setzt an zum Köpfen … aber was macht Gascoigne? … Gascoigne geht zu Boden, zusammengefaltet wie ein toter Schmetterling, getroffen von einem gigantischen Mauspfeil!

Ich habe Ihnen hier natürlich nur einige wenige Bereiche nennen können, in denen unser Leben sich dank der Computertechnologie von morgen entschieden angenehmer gestalten wird. Wir haben schließlich gerade erst begonnen, die Nutzungsmöglichkeiten dieses ungeheuerlichen Gerätes zu begreifen. Genauso wenig wie die Menschen, als das Telefon erfunden wurde, ahnen konnten, daß man mit diesem Gerät eines Tages von praktisch jedermann, egal wo er sich gerade befindet, beim Essen gestört werden kann, genauso wenig wissen wir heute, wie der Computer unser aller Leben noch verändern wird. Wir können nicht in die Zukunft blicken; wir wissen nicht, was uns hinter der nächsten Kurve auf dem Superhighway der Informationen erwartet; wir können nicht voraussagen, wohin die Computer-Revolution uns eines Tages führen wird. Das einzige, was sich mit Sicherheit jetzt schon sagen läßt, ist: Spätestens, wenn wir dort angekommen sind, werden wir feststellen, daß wir nicht genügend RAM haben.

14. DIE Liebesgeschichte GEHT WEITER

MissPiggy: Tut mir leid, daß es so lange gedauert hat. Kevin war am Computer und konnte kein Ende finden, weil er sich im Web in ein Spiel vertieft hatte, das angeblich ›Die Jagd nach dem Zit‹ heißt.

RobertAdverb: Die Jagd nach dem Zit?

MissPiggy: Die Jagd nach dem Zit.

RobertAdverb: Da soll einer verstehen, warum immer wieder behauptet wird, das mit dem Internet sei alles nur Quatsch!

MissPiggy: Stimmt, die haben echt keine Ahnung. Jetzt bin ich jedenfalls da. Hallo!

RobertAdverb: Hallo! Du siehst heute besonders schön aus.

MissPiggy: Tu ich nicht.

RobertAdverb: Doch, wirklich!

MissPiggy: Nein, wirklich nicht! Ich habe den ganzen Nachmittag lang Schmodder von den Badezimmerfliesen gekratzt, und ich trage die Haare noch in einem Schwups hochgesteckt. Ich seh' aus wie Wilma Feuerstein!

RobertAdverb: Tatsächlich? Ich LIEBE den Wilma Feuerstein-Look! Ich fand Wilma immer zum Knuddeln!

MissPiggy: Komm, hör auf! Betty Geröllheimer ist doch viel hübscher!

RobertAdverb: Das ist nicht Dein Ernst! Glaubst Du wirklich, ich sei ein Betty-Typ?

MissPiggy: Das sind die meisten Männer.

RobertAdverb: Ich bin aber nicht »die meisten Männer«.

MissPiggy: Das ist allerdings wahr.

RobertAdverb: Seufz.

MissPiggy: Genau.

RobertAdverb: Kann ich davon ausgehen (Pause), daß Du es Dir nicht anders überlegt hast?
MissPiggy: »Nun denn, mein Lieber«, sagte sie aufmunternd, »wie war's heute in der Schule?«
RobertAdverb: Toll, total toll! Ich unterrichte gerade Jane Eyre. Die Kids sind ganz wild darauf, besonders auf die Szene mit dem Hubschrauberabsturz.
MissPiggy: Das war auch immer MEINE Lieblingsstelle.
RobertAdverb: Es gibt Tage, an denen ich einfach nur losbrüllen möchte: »HÖRT ZU, IHR KLEINEN MONSTER, ICH FINDE LITERATUR GENAUSO ZUM KOTZEN WIE IHR!«
MissPiggy: Warum bleibst Du dann dabei?
RobertAdverb: Weil ich als Lehrer und Erzieher mit Haut und Haaren der Überzeugung bin, daß es geil ist, den ganzen Sommer über Ferien zu haben.
MissPiggy: Wo wir gerade davon reden: Max hat heute seine Planung für die Familienferien bekanntgegeben.
RobertAdverb: Laß mich raten: Hat es etwas mit Golf zu tun?
MissPiggy: Nein, es hat nicht »etwas« mit Golf zu tun. Es IST Golf. Er plant zwei komplette Durchgänge pro Tag. Nach meiner vorsichtigen Schätzung kalkuliert er circa 17 Stunden pro Durchgang ein, macht 34 Stunden Golf pro Tag, wobei ich jetzt noch nicht die Zeit mitgerechnet habe, in der er mit den anderen Golfern herumsteht und seine Bogeys durchspricht.
RobertAdverb: Was genau ist eigentlich ein »Bogey«?
MissPiggy: Ich glaube, das ist etwas, was sich in der Unterhose eines Golfers bildet, wenn er sich dauernd runterbeugt und fürs Einlochen maßnimmt.
RobertAdverb: Sowas hatte ich schon vermutet. Und? Willst *Du* auch Golf spielen?
MissPiggy: Nein. Max haßt meine Art, Golf zu spielen. Denn egal wie sehr ich mich bemühe: Ich kann Golf einfach nicht so ernst nehmen wie... sagen wir... die Welthungerhilfe.

RobertAdverb: Womit wirst Du Dich denn dann die ganze Zeit beschäftigen?
MissPiggy: Ich werde die Beziehung zu meinen Kindern intensivieren, also zum Beispiel darauf achten, daß sie sich nicht gegenseitig umbringen.
RobertAdverb: Hört sich großartig an.
MissPiggy: Ja. Ich kann mir nicht vorstellen, daß es irgend etwas Befriedigenderes gibt als zwei Wochen lang zu brüllen: »CHRISTOPHER, HÖR AUF, SONNENMILCH IN LAURAS COLA ZU SPRITZEN!«
RobertAdverb: Zwei WOCHEN?
MissPiggy: Genau.
RobertAdverb: Zwei Wochen ohne Computer?
MissPiggy: Du sagst es.
RobertAdverb: Himmel, hilf!
MissPiggy: Ja.
RobertAdverb: Wie sollen wir das überstehen?
MissPiggy: Na ja, ich denke, in der Zeit leben wir einfach vor uns hin, unser richtiges Leben.
RobertAdverb: Dies hier IST mein Leben! Nur dafür lebe ich! Sitzen und warten, daß Deine Worte auf dem Bildschirm erscheinen!
MissPiggy: Scheiße – ich doch auch!
RobertAdverb: Ich halte es keinen TAG ohne aus! Zwei Wochen – das ist … das ist …
MissPiggy: Vielleicht ist es ganz gut so. Vielleicht kommen wir dann wieder zur Besinnung.
RobertAdverb: Ich WILL aber nicht zur Besinnung kommen! Ich bin noch nie glücklicher gewesen als jetzt, da ich Dich gefunden und die Besinnung verloren habe!
MissPiggy: Scheiße – ich doch auch nicht!
RobertAdverb: Ich ruf' dich jetzt an.
MissPiggy: Bitte nicht!
RobertAdverb: Doch. Du brauchst einfach nur »Hallo« zu sagen. Ich sage dann: »Ist da Wilma?« Und Du sagst: »Tut mir

leid, da müssen Sie falsch verbunden sein.« Ich möchte einfach nur mal Deine Stimme hören. Nur einmal!
MissPiggy: Ich möchte aber nicht gleich wieder auflegen.
RobertAdverb: Darauf spekuliere ich ja, Wilma.
MissPiggy: Aber dann haben wir nicht mehr die Sicherheit unserer heimlichen kleinen Privatbox!
RobertAdverb: Die haben wir doch schon längst verlassen! Unsere Verbindung – sie ist doch überall! Kennst Du diesen Song »I feel your heart beating everywhere ...«?
MissPiggy: Jackson Browne. Ich *liebe* diesen Song. »When we're apart, I can close my eyes and feel you there.«
RobertAdverb: Mann, Du bist einfach wunderbar!
MissPiggy: Bin ich nicht. Du solltest mich jetzt mal sehen!
RobertAdverb: Ich würde alles dafür geben, Dich jetzt sehen zu können.
MissPiggy: Mein ganzes T-Shirt ist voll von Fliesenschmodder!
RobertAdverb: Geh' aus dem Programm raus, ich ruf' Dich jetzt an!
MissPiggy: Ich weiß nicht, was ich dazu sagen soll.
RobertAdverb: Sag' einfach: »Ich geh' jetzt aus dem Programm raus und lege die Hand auf den Telefonhörer.«
MissPiggy: Ich geh' jetzt aus dem Programm raus und lege die Hand auf den Telefonhörer.
RobertAdverb: Ich habe Herzklopfen.
MissPiggy: Ich fühle dein Herzklopfen.
RobertAdverb: Tschüs erstmal.
MissPiggy: Tschüs.

Das Telefon klingelt.